2020 世界纪录大全

SHIJIE JILU DAQUAN

（中国篇）

世界纪录认证公司

WORLD RECORD CERTIFICATION LIMITED

纪录大全（厦门）信息咨询有限公司　编

东北师范大学出版社

NORTHEAST NORMAL UNIVERSITY PRESS

图书在版编目（CIP）数据

2020年世界纪录大全. 中国篇 / 世界纪录认证公司，
纪录大全（厦门）信息咨询有限公司编. —— 长春：东北
师范大学出版社，2020.12

ISBN 978-7-5681-7449-7

Ⅰ. ①2… Ⅱ. ①世… ②纪… Ⅲ. ①科学知识—普及
读物 Ⅳ. ①Z228

中国版本图书馆CIP数据核字(2020)第248786号

责任编辑：包瑞峰　　　　封面设计：连明明
责任校对：尤秋华　　　　责任印制：许　冰

东北师范大学出版社出版发行

长春净月经济开发区金宝街118号（邮政编码：130117）

电话：0431-84568126

网址：http://www.nenup.com

厦门市明亮彩印有限公司印刷

厦门市同安区美溪道思明工业园51号101单元

2020年12月第1版　2020年12月第1次印刷

幅面尺寸：215mm×280mm　印张：16.25　字数：360千字

定价：298.00元

前 言

世界纪录认证公司(简称 WRCA),总部位于英国伦敦——世界之最公司最早诞生的地方,公司有着强烈的文化色彩,现已在美国、俄罗斯、中国、日本、印度等国家开展业务。2016 年,WRCA 授权纪录大全(厦门)信息咨询有限公司代理中国区域申报业务咨询。随着每年申报业务的增加,2020 年,WRCA 在中国北京设立分支机构,主要负责相关业务审核工作。WRCA 遵循公平、公正、公开的原则,严谨、客观、重证据,被世界各国公认为权威的纪录认证机构。

中华民族古老而璀璨的文化经历了漫长的岁月,传承至今,中国人民在新时代发展的道路上又创造出了太多的不可思议,创下了众多的"世界之最"。自进入中国以来,WRCA 始终助力中国传统民族文化与世界文化的交流与融合,助力中国生产与制造企业的品牌文化发展,将中国推向世界的舞台。WRCA 致力于挖掘各个领域的"世界之最",在研究、展示交易、传承教育、数据维护、纪录推广等方面,为申报者搭设了一个能够真正体现价值的专业平台,积极推动中国特色文化走向世界。

《2020 世界纪录大全(中国篇)》系 WRCA 回首与展望各个领域中令人自豪的世界纪录,这些不平凡的世界纪录,向所有人展现了泱泱中华的巨大魅力。本书分为五个章节,即建筑·景观类、书画·雕塑类、非遗·文化类、生活·健康类、运动·赛事类。我们精选了 125 项意义非凡的世界纪录,包括"世界最大的唐卡""世界最长的高速公路螺旋隧道""世界最大的农作物太极图景观"等世界纪录,也有诸如"世界最长人体床垫多米诺骨牌""世界最大的包心鱼丸""最多人同时穿小黑裤一字马"等,让人看完也许会惊叹"原来还能这样"的世界纪录。是的,世界纪录离你并不遥远,每个人都有机会成为打破世界纪录的一员,创造自己的非凡。

我们谨以此书向读者展现每一项纪录的独特魅力,同时向每一位在各自领域怀揣着巨大热情的纪录保持者致敬!

如您想获取活动创意或了解更多,可以通过以下任意方式联系我们:
北京办事处电话: 400-600-7007
厦门办事处电话: 400-661-8118
世界纪录认证官网: https://worldinfluence.cn
WRCA 官网: www.wrcachina.com

目录
CONTENTS

1　建筑·景观类

2　世界最大的农作物太极图景观

6　世界最大的艺术家个人美术馆

10　世界最大的可移动茶柱

12　世界最大连片茶园

18　三清山两项世界之最

22　世界最长可供连续乘船游览的地下暗河景区

26　世界最大的汉字植物景观

28　世界最长的高速公路螺旋隧道

32　世界最大的涂鸦艺术区

36　世界最大的木结构酿酒车间

38　世界最大的水泥筒仓群

44　世界树龄最长的巨柏

46　世界最长同路径山地索道

50　最长的玻璃观光悬廊

52　世界最大的真空造浪池

54　世界最大的单体溶洞石柱

56　贵州六盘水野玉海2项世界纪录

60　世界最高的多彩琉璃塔

66　世界最大的夜明珠（萤石球）

70　世界最大的碓窝

72　世界最大的心形玻璃观景平台

73　最多古代磨盘组成"九曲黄河阵"

74　世界最大的皇冠开瓶器个人博物馆

德龙钢铁6项世界纪录 76

世界最长的毛体书法《道德经》长卷 86

世界最小的微书作品 90

世界最长的个人书法作品 94

世界最大的仰阿莎女神雕塑 98

世界最大莲花生大师铜像 102

世界最大的书籍雕塑 104

世界最长的"五岳"主题中国画 106

世界最长重彩中国画月季长卷 110

最大面积的"清明上河图"竹雕 114

深圳两幅画卷2项世界纪录 116

自创最多姓氏图腾雕塑 122

硬质微雕字最多的作品 126

世界最大的达摩龙龟铜像 127

最大的紫玉弥勒佛 128

最大的"九龙戏珠"整体玉雕 129

最大的铜梳雕塑 130

最大规模的《格萨尔王传》手抄本 132

世界最长的十字绣"清明上河图" 134

世界最大面积历史神话钢笔画长卷 135

最多"佛"字书法长卷 136

世界最大的海洋保护主题儿童绘画 137

140　世界最大的手写金书

144　最大规模的武术节目表演

146　世界最大规模的开笔礼（多场地）

150　持续播出时间最长的中国电视戏曲节目

152　最多人同时织布

154　世界最大的银绘唐卡

156　世界最大的唢呐

158　世界最大的唐卡

160　最大规模的藏语祝酒歌大合唱

164　青海省玉树州2项世界纪录

166　最大的弦子舞教学课堂

168　最大的珊瑚堆绣唐卡

169　世界最长的苗绣

最多菜品种类的全蟹宴　172

收藏贵州茅台酒品种最多　174

冬至节鸡汤销售量最多的餐饮品牌　178

两小时内免费用餐人数最多的中式快餐品牌　180

世界最大的心形飞行路线　182

连续7年电子商务成人纸尿裤类目销售额最多　184

一年内羊毛被销量最多　186

最高效持久的甲醛分解技术　188

世界演奏乐器种类最多的人　189

最多女性创业者在清迈参加集体婚礼　190

最多人在清迈参加大健康产业研讨会　191

世界最薄的陶瓷杯子　192

最多人颂钵迎新年　194

最多人同时手摇风铃　195

世界最大的包心鱼丸　196

躯干悬空下腹部承重最大　198

一分钟内在报纸上徒手劈断大理石最多　200

参与人数最多的紫砂和旗袍艺术行为秀　201

最大规模的亲子瑜伽活动　202

世界最大规模的排舞（单场地）　204

最大规模的广场舞中文人体拼字"你好，咸宁"　206

最大规模的"打平伙"聚餐活动　208

最大规模的帐篷露营活动　210

最大规模的剪纸活动　212

最多丰胸手术直播的形体医院　213

215　运动·赛事类

216　最多人同时穿小黑裤一字马

218　最大规模的保护沙滩环保活动

222　最大规模的沙漠徒步挑战赛

224　最多人参与的羽毛球赛事

225　最大规模的羽毛球赛事

226　最多人同时挑战瑜伽战士一式

228　最多名小学生同时还原三阶魔方

230　"第三极"路程最远徒步环保公益旅行

232　世界最长人体床垫多米诺骨牌

234　最短时间开车穿越29个国家

235　最多汽车拼成的芍药花图案

236　叶佳希6项世界纪录

240　最小年龄盲拧还原三阶魔方

241　最小年龄还原四阶魔方

242　最小年龄连续盲拧还原二阶和三阶魔方

243　最小年龄连续盲拧还原2个二阶魔方

244　姬生善2项世界纪录

245　最小年龄盲拧克隆三阶魔方

246　最小年龄还原二阶魔方 / 最小年龄还原三阶魔方

247　识别车标最多的三岁孩童

248　最短时间记住一副扑克牌

249　一小时默写单个英语单词字母数量最多

250　38分钟背诵成语最多

251　3小时内背诵中国国学书籍字数最多

252　一分钟双脚颠网球次数最多的儿童

建筑·景观类

Structures · Attractions

世界最大的农作物太极图景观
Largest crop field Tai Chi pattern

太极图是中国古代文化符号，以黑白两个鱼形纹组成的圆形图案，被称为"中华第一图"。位于内蒙古额尔古纳市北端的室韦小镇，与俄罗斯隔河相望。它以其独特的边陲风光吸引国内外的游客们，被评为"中国十大魅力名镇"之一。而位于室韦农牧场的奥洛契庄园，有着世界最大的太极图。

奥洛契庄园是室韦农牧场近年来全力打造的农业、文化、旅游"三位一体"的田园综合体项目，在中俄界河额尔古纳河三面环绕、状如半岛的1.95万亩土地上规划建设，体现田园风光、景观农业、大地艺术。该地区在地图上标为奥洛契下三岛，额尔古纳河转弯流向俄罗斯后回折形成半岛，三面环水，被俄罗斯国土所环抱。另一面背靠莽莽大兴安岭，具有森林、湿地、河流、草原、耕地等多种地貌地形。

额尔古纳是呼伦贝尔的缩影，室韦是额尔古纳的缩影，而奥洛契庄园的建成成为额尔古纳市黄金旅游线上的明珠。奥洛契庄园田园综合体采摘观光区有草莓、红莓、果蔬采摘园、彩虹大地、野生芍药坡、百合谷；爱情浪漫区内有浪漫咖啡、心心相印、心形玫瑰园、情人岛、告白亭、白头偕老；运动休闲区内有河边垂钓、童趣沙场、植物迷宫等多个游玩运动场所。它是呼伦贝尔地区康乐内容丰富、与大自然和谐相处的现代生态旅游观光休闲目的地。

世界最大的农作物太极图景观
Largest crop field Tai Chi pattern

油菜和小麦两种作物经过人工种植而形成了世界上最大的太极图。

世界纪录保持者
WORLD RECORD HOLDER

　　位于室韦农牧场的奥洛契庄园的太极图，其直径 1300 米，周长 4082 米，面积 1989 亩，经世界纪录认证 (WRCA) 官方审核，被确认为"世界最大农作物太极图景观"。2020 年 7 月 16 日，世界纪录认证中方代表刘一哲宣布认证结果后，驻华申报中心主任赵青太为室韦农牧场颁发了世界纪录认证证书。

　　"世界最大农作物太极图景观"的成功认证，提升了室韦农牧场奥洛契庄园世界知名度，是室韦农牧场打造世界一流旅游景区的一次有益尝试。

李自健

李自健，中国著名旅美画家。中国美术家协会会员，中国艺术研究院油画院特聘海外画家，联合国教科文组织"全球公益联盟文学（艺术）骑士勋章"金质奖章获得者，中国"国际和平特别贡献"奖章获得者，欧洲拜占庭皇室"圣·约翰骑士"勋章获得者，册封为"爵士"。秘鲁首都利马特颁"荣誉市民"奖章、中国多项慈善奖获得者，重庆大学等四所中国高等院校"荣誉教授"，世界最大的艺术家个人美术馆——李自健美术馆创建人、馆长。

李自健，1954年出生于湖南省邵阳市，童年家境贫寒，15岁自学绘画，下过农村，当过工人。1977年，以特优成绩考入广州美术学院油画系。1982年毕业。同年回到家乡，供职于长沙艺术馆。20世纪80年代，创作的《山妹》《孕》等油画作品入选第六届全国美展和首届油画展，多件作品在国内的数次画展获得奖项。

在四十多年的艺术生涯中，李自健以写实主义艺术创作为基调，先后创作出了两百余幅主题性油画作品，其中代表性的有《母女》系列、《红花被》系列、《祖母》系列、《乡土》系列、《汶川娃》系列、《美国流浪人》系列、《家书》系列等十七个油画系列，巨幅油画代表作有《孕》《南京大屠杀》《龙的传人》《小河淌水》，以及十米巨作《湿地晨曦》等。

作为一名热衷于公益事业的艺术家，李自健三十多年来对慈善公益事业不懈投入，从帮助失学儿童到资助贫困大学生，从赈济洪涝灾区到支援地震灾区重建，从环球公益巡展到捐建个人公益美术馆，所有公益事迹都记载于联合国全球公益联盟评议体系，经联合国法中文化交流促进中心推荐，联合国公益联盟主席团评议，一致认定李自健先生在公益文化事业上的突出贡献，授予其最高奖——文化（艺术）骑士金质勋章。

2016年10月1日，李自健在家乡湖南长沙，自主自费，独立建成拥有两万五千平方米空间面积的现代化公益艺术建筑——李自健美术馆，永久对公众免费开放。开馆一年，李自健美术馆就已成为长沙城市的文化新地标，成为长沙市文化旅游示范基地，他为湖南的文化发展事业做出突出贡献。

李自健美术馆　A座中央大厅

联合国全球公益联盟"文化艺术骑士"金质勋章

世界最大的艺术家个人美术馆
Largest Artist-owned Gallery

世界纪录保持者
WORLD RECORD HOLDER
WRCA

李自健美术馆长期展出李自健先生海内外艺术生涯中以"人性与爱"为主题的写实主义风格油画创作,共十七个系列,三百余幅原作。逾 6000 平方米的四大专属展厅,长期陈列来自海内外众多收藏家汇聚的李自健先生绘画作品及近年新作;史料厅则呈现了画家半个多世纪以来的成长、奋斗轨迹与丰富的艺术人生历程;美术馆 B 座及一楼 C 展区五大临时展厅,用以举办古今中外各种类型的重要艺术展览及文化活动,如《中国画巨匠——齐白石真迹珍品展》《德国艺术巨匠——基弗大展》《中国近现代国画大师真迹展》《经典与传承——俄罗斯列宾美术学院师生优秀素描作品展》《刘开渠与二十世纪中国美术展》《精神·图式——首届中国写意油画双年展》。

李自健美术馆承载了李自健先生对祖国的一往情深、对艺术的挚热追求与强烈的文化使命感,寄托了海外游子感恩故土的深切情怀。画家夫妇叶落归根,以艺术报国,为家乡打造一处城市文化地标,奉献了一座公益艺术殿堂。2017 年 7 月 16 日,经世界纪录认证(WRCA)官方审核,李自健美术馆被认定为"世界最大的艺术家个人美术馆"。认证官詹姆斯为其颁发世界纪录认证证书。

  云南西双版纳州古茶山茶业有限公司（龙园茶业），是西双版纳州重点龙头企业，也是云南省茶叶产业发展先进企业。龙园茶业成立于1999年，企业总部坐落在普洱茶的故乡——美丽的西双版纳。

  龙园茶业董事长李正行先生毕业于云南农业大学茶学专业，系高级农艺师、国家高级评茶师，有着40年的制茶经验。曾担任驰名中外的原国家二级企业、国营大渡岗茶场副场长、场长30多年，是闻名海内外的著名茶人、茶业专家、云南省第六届优秀企业家。作为云南省"有突出贡献优秀专业技术人才"，享受云南省政府特殊津贴。在云南省各级政府的重视和上级有关部门的关心、帮助下，经过17年的建设，龙园茶业已发展成为主要开发、研究、加工百年以上古茶树茶叶，生产经营各种中高档生态普洱茶、有机绿茶、古树红茶、手工名特优茶等的具有一定规模和实力的现代茶叶企业。

  龙园茶业设有八大分支机构：大渡岗龙园生态茶厂、勐海龙园茶厂、云南龙园号茶业有限公司、西双版纳州茶文化传播中心、龙园·融品茶文化体验中心、龙园茶业体验中心、西双版纳龙园茶业大世界、西双版纳龙园茶文化馆。

龙园茶业旗下品牌有"龙园号""几棵树""行天号"等，其中"龙园号"为云南省著名商标、中国普洱茶十大知名品牌、中国普洱茶十大畅销品牌、中国著名品牌。

龙园茶业在勐海帕沙、景洪勐宋等古茶园建有10余个生产基地，并在中国茶叶第一乡——大渡岗种植茶园近两万亩，其中有机茶园5000余亩；厂区面积400余亩，有5个加工厂，厂房面积4万余平方米；有职工2000余人。企业年生产加工能力达5000余吨。

龙园茶业的长远发展目标是建设国际知名国内一流的普洱茶品牌（"龙园梦"）。现阶段发展目标是建设中国普洱茶产业链领导品牌。品牌建设的指导思想是以科学发展观为指导，紧紧围绕"提高质量、推动发展"这一主题，以提高办厂效益为中心，坚持质量是根本、创新是动力、营销是关键、队伍是保证、稳定是前提，着重打好质量、文化、营销三张牌，处理好规模、质量和效益三者的关系，推动龙园茶业的科学发展、和谐发展和跨越发展。

由中国云南西双版纳州古茶山茶业有限公司制作的普洱茶紧压茶，形状为圆柱体，重量为20.6吨，高度为4.5米，直径为2.86米，体积为28.9立方米。经世界纪录认证（WRCA）官方审核，该茶柱被确认为"世界最大的可移动茶柱"。

为纪念成功获得世界纪录认证，通过精挑细选、各项检测、李正行亲自研制、WRCA监制，特别发行限量版：龙园号茶柱纪念茶。

大渡岗

大渡岗"世界最大连片茶园",展示了人类智慧与大自然融合,它将以"绿色、有机、康养、体验"的发展理念,以良好的生态环境、乡村民俗文化资源为基础,通过茶树生态放养改造、茶园套种特色经济林木、绿色食品和有机食品认证、新产品研发与加工创新、公共品牌创建、科技支撑体系建立、公共服务功能建设、茶旅融合打造发展、配套基础设施建设等为建设重点,打造中国最大的茶叶、旅游、养生三产融合示范区,为创世界一流绿色茶品牌,乡村振兴而助力,将"世界最大连片茶园"以重新的英姿展示给人类世界,让世

　　大渡岗乡是云南茶叶生产规模化、集约化、产业化程度较高的乡镇之一，是景洪市茶园旅游小镇、生态示范乡镇、乡村振兴示范乡、省级现代茶叶产业园、茶产业三产融合示范区等重点建设区，有"中国茶叶第一乡""国家级生态乡镇""全国'一村一品'示范乡""中国美丽田园""中国美丽茶园"等称号，是名副其实的一乡一业特色茶乡。全乡从事茶叶生产、加工、经营的茶叶企业、合作社、初制加工546家，其中精制茶加工9家，初制茶加工88家，庭院式初制加工点449户，主要生产加工普洱茶、绿茶、红茶等三大系列415个产品，主要有"大渡岗""龙园""昌泰""大叶龙""嵩榆""牧童蝉"等。

大渡岗乡位于西双版纳景洪市北部，地处东经 100°43' 至 101°12'，北纬 22°30' 之间，距西双版纳州府所在地景洪 65 千米，是景洪市唯一一个贫困乡。全乡设大干坝、大荒坝、大荒田、关坪、曼岔、昆罕 6 个行政村，1 个茶香社区。国土总面积 787.1 平方千米，其中山地占 99.5%，辖国家级自然保护区面积 48 万亩，天然林管护面积约 44.5 万亩，森林覆盖率达 93.31%；最高海拔 1797.3 米，最低海拔 668 米，年平均气温 17.5℃。

世界最大连片茶园
World's largest contiguous tea plantation

为推进大渡岗乡以茶振兴乡村经济发展战略，进一步促进茶叶提质增效、产业转型升级，将勤劳的大渡岗人民创造的连片万亩茶园推介给世界朋友，在景洪市人民政府的统一安排下，大渡岗"世界最大连片茶园"世界纪录认证活动，于2019年8月27日在大渡岗乡连片万亩茶园区举行，参加现场认证活动群众5500余人。

　　经世界纪录认证（WRCA）官方人员核实，西双版纳景洪市大渡岗乡的连片万亩茶园勘测面积为 65246.5 亩，获"世界最大连片茶园"称号。世界纪录认证官潘淑娜、余淑琴上台向景洪市人民政府市长白玲颁发世界纪录认证证书。

三清山两项世界之最
Mount Sanqing takes 2 world records

世界自然遗产、世界地质公园、国家自然遗产
国家地质公园、国家ＡＡＡＡＡ级旅游景区

三清山又名少华山、丫山，位于中国江西省上饶市玉山县与德兴市交界处。因玉京、玉虚、玉华三峰宛如道教玉清、上清、太清三位尊神列坐山巅而得名。其中玉京峰为最高，海拔1819.9米。三清山不同成因的花岗岩微地貌密集分布，展示了世界上已知花岗岩地貌分布最密集、形态最多样的峰林；2373种高等植物、1728种野生动物，构成了东亚最具生物多样性的环境。

三清山两项世界之最
Mount Sanqing takes 2 world records

江西三清山女神峰-巨蟒峰 凝望

　　三清山主体南北长 12.2 千米，东西宽 6.3 千米，平面呈荷叶形，由东南向西北倾斜，位于欧亚板块东南部的扬子古板块与华夏古板块结合带的怀玉山构造块体单元内。地处怀玉山脉腹地，属花岗岩构造侵蚀为主的中山地形。山势是东、南、西三面陡峻，北面稍缓。从山脚至山顶，水平距离 5 千米，海拔由 200 米陡增至 1816 米。

　　三清山天然女神峰（东方女神）和天然蟒峰（巨蟒出山），位于南清园景区，是三清山最为突出的两大标志性景观，经过亿万年的风化侵蚀天然形成，栩栩如生，令人叹为观止。2017 年 8 月 22 日上午 10 点，世界纪录认证证书颁发仪式分别在女神峰平台和巨蟒峰平台隆重举行，具有三清山道家养生的太极现场表演将活动气氛推向高潮。

坐落于中国江西上饶三清山南清园景区的巨蟒出山，海拔高度约1200米，垂直高度128米。经世界纪录认证（WRCA）官方审核，被认定为是"世界最高的天然蟒峰"。2017年8月22日，世界纪录认证官大明、驻华申报中心主任赵青太在巨蟒峰平台向三清山风景区党委副书记、管委会主任吴华颁发世界纪录证书。

世界最大的天然女神峰
World record: Oriental Goddess

　　坐落于中国江西上饶三清山南清园景区的东方女神,海拔高度约 1200 米,通高 86 米,受到风化后形成惟妙惟肖的女神像。经世界纪录认证(WRCA)官方审核, 被认定为是"世界最大的天然女神峰"。2017 年 8 月 22 日,认证官大明现场公布了测量数据和宣读认证结果,在女神峰平台向三清山风景区党委书记诸立颁发世界纪录证书。

世界最长可供连续乘船游览的地下暗河景区
Longest underground river scenic spot for sightseeing

国家级风景名胜区、国家地质公园主园区、国家ＡＡＡＡＡ级旅游景区

本溪水洞风景名胜区位于辽宁省本溪市东郊，1983年5月1日正式对外开放，1992年被国际旅游洞穴协会接纳为亚洲首批会员单位，1994年被国务院批准为国家级风景名胜区。2005年10月被中国《国家地理》杂志评为"中国最美的旅游洞穴"，2007年被国家建设部评为"最具潜力的中国十大风景区"之一，2009年成功列入"中国国家自然遗产名录"，2010年被中国科学技术协会正式命名为"全国科普教育基地"，2015年7月被国家旅游局授予"国家ＡＡＡＡＡ级旅游景区"称号。

世界最长可供连续乘船游览的地下暗河景区
Longest underground river scenic spot for sightseeing

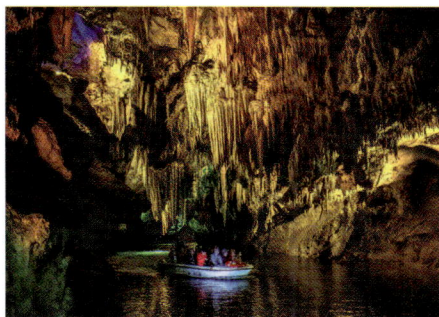

　　本溪水洞属典型的高纬度喀斯特地貌，是四五十万年前形成的大型石灰岩充水溶洞，洞内分水、旱两洞，全长5800米，现已开发2800米。洞内四季恒温12℃，水流终年不竭，河水清澈见底。洞体高低错落，洞中有洞，洞洞相通，面积3.6万平方米，空间40余万立方米。银河两岸石笋林立、钟乳高悬，沿河景点一百余处，"玉象戏水""福寿双星""宝鼎双钟""玉皇仙姿"等景观形象逼真。正所谓"钟乳奇峰景万千，轻舟碧水诗画间，钟秀只应仙界有，人间独此一洞天"。

世界最长可供连续乘船游览的地下暗河景区
Longest underground river scenic spot for sightseeing

本溪水洞雾凇是本溪冬季旅游资源中最具独特的景观，因为洞前有个古琴湖，湖水常年不冻，特别是洞前区周边会经常出现"千朵万朵梨花开"的景观。清晨，湖面上雾气腾腾，成群的鱼儿在水中畅游，湖面周边树上挂满雾凇，宛如人间仙境。那晶莹剔透、波澜壮阔的奇景为本溪冬季旅游增添了唯美的一笔。

世界纪录保持者
WORLD RECORD HOLDER

世界最长可供连续乘船游览的地下暗河景区
Longest underground river scenic spot for sightseeing

　　2018年6月12日，经世界纪录认证(WRCA)官方审核，本溪水洞风景区内已开发可供连续乘船游览的地下暗河长度为2323米，被认定为是"世界最长可供连续乘船游览的地下暗河景区"。认证官大明为其负责人颁发世界纪录认证证书。

世界最大的汉字植物景观
Largest plant landscape of Chinese character

国家ＡＡＡＡＡ级旅游景区、国家级风景名胜区

龙宫景区"龙"字田位于贵州省安顺市南郊，距安顺城区27千米，距贵阳116千米，距享誉中外的黄果树大瀑布仅30千米。景区开放于1984年，总面积60平方千米，核心游览区面积约18平方千米。自2009年秋季始种，采用两种农作物套种，按季节区分，春季由油菜花和蚕豆进行套种，夏季由黑糯米和水稻进行套种。"龙"字字体拓自唐代书法家怀素的草书书法。

龙字田绝美龙字画卷已成为贵州标志性景点之一。这里得天独厚的自然资源和以布依、苗族为主的多样民族文化等多种旅游资源，丰富的喀斯特地质地貌，奇妙的自然景观，多彩的民族风情以及独特的龙文化、淳朴的宗教信仰、清新的田园气息交相辉映，绘就一幅怡然自得的人间仙境画卷！这是世界最大单体汉字，微风吹来，龙字随风摆动，宛如一条活灵活现的巨龙从山林间呼啸而出。

　　2017年8月28日，在贵州安顺龙宫景区，世界纪录认证官詹姆斯和世界纪录认证驻华申报中心主任赵青太向安顺市旅游局和景区负责人颁发了"世界最大的植物汉字景观"的世界纪录认证证书。

世界最长的高速公路螺旋隧道
World's Longest Motorway Spiral Tunnel

　　四川公路桥梁建设集团有限公司是四川省铁路产业投资集团公司下属核心子公司，中国500强企业和国际承包商250强企业。公司始建于1949年，曾建成了举世瞩目的川藏公路。

　　四川路桥坚持"立足四川、服务全国、跻身世界、开拓发展"，作为推动"蜀道难"变"蜀道通"的中坚力量和省属企业"走出去"发展的典范，市场已遍及国内绝大多数省份，以及非洲、中东、东南亚、欧洲、大洋洲等20余个海外国家和地区。

金家庄螺旋隧道是四川路桥集团承建的延崇高速 ZT10 标项目的主要工程。作为延崇高速公路最为关键的重点控制性工程，金家庄螺旋隧道全长 4.2 千米，左幅长 4228 米，右幅长 4104 米，隧道进口和出口高差超过 250 米，在长度和高差方面远远超过国内外其他螺旋式隧道。在山体里创造"世界纪录"的难度超乎想象，从赤城县金家庄隧道进口位置到崇礼区棋盘梁隧道出口位置，直线距离大约 7 千米，但是需要克服 250 米左右的高差，为了克服这种高差，让车辆在隧道里安全爬升，公司设计了半径为 860 米螺旋线。

世界最长的高速公路螺旋隧道
World's Longest Motorway Spiral Tunnel

　　延崇高速公路是冬奥会重大交通保障项目，是国家冬奥组委、交通运输部的"一号工程"。项目管理团队为此高标准、严要求，以奥运五环为元素，提出了"五环"标准化创新管理思路，即："蓝之环"，专注、严谨，以规矩成方圆；"黄之环"，稳步、高效，推进节点工期；"玄之环"，自主、创新，匠心与智慧建造；"绿之环"，清洁、环保，始终牢记在心；"赤之环"，责任、关怀，彰显企业文化。金家庄特长360度螺旋隧道施工的完美收官，把惊叹留给世界，把情怀献给祖国。

世界纪录保持者
WORLD RECORD HOLDER

  2018 年 4 月 20 日，金家庄特长螺旋隧道施工现场测量，由四川路桥川交公司延崇 ZT10 标承建的金家庄特长螺旋隧道全长 4.2 千米，左幅长 4228 米，右幅长 4104 米。经世界纪录认证（WRCA）官方审核，金家庄特长螺旋隧道被确认为"世界最长的高速公路螺旋隧道"，认证官大明为其负责人颁发世界纪录认证证书。

世界最大的涂鸦艺术区
The largest graffiti art district in the world

　　大庆赛车小镇获评 AAAA 级旅游区，是黑龙江省百大项目、全国 16 个特色示范小镇之一。其规划区域面积 15 平方千米、计划总投资 45 亿元，是以汽车运动为特色，汽车销售服务、文化旅游、休闲娱乐、商贸物流等融合发展的产业新平台。

　　大庆赛车小镇毗邻大庆机场，带着北中国的速度与激情拔地而起。F 级赛道、短道赛道、越野赛道、卡丁车赛道、漂移赛道及冰雪赛道，建成后将坐拥国家级赛道数量最多、种类最全的赛道群，以全新的理念、业态抢占中国汽车竞技体育市场制高点。

世界最大的涂鸦艺术区
The largest graffiti art district in the world

大庆赛车小镇不仅是中国北方最大的汽车测试基地，以寒地测试及道路测试领先业界，也是东北最大二手车基地、汽车配件流通基地、汽车改装基地。大庆市公安局驾考中心、汽车服务示范区、大庆市公安局综合服务大厅、赛手培训中心、汽车生活馆、机动车驾校、品牌体验中心、加油加气充电站，服务多元；国家级自驾车营地、汽摩特技表演、赛车体验，近 20 个特色项目，新奇刺激。

世界最大的涂鸦艺术区
The largest graffiti art district in the world

　　大庆这个以石油著称于世的城市，以开放包容的态度对待城市涂鸦，不仅让城市的严肃性格与涂鸦的活泼个性形成了强烈对比，也让游人对这座传统印象中的工业城市增添了更多时尚和流行的印象。

　　2018年8月，大庆赛车小镇历时6个月倾力打造了涂鸦城，涂鸦面积112867.86平方米，涂鸦施工单位为四川美术学院。小镇涂鸦城既有大型精致的3D卡通绘画图像，也有时尚性、艺术性、娱乐性，是真正的艺术街区、文化街区、旅游街区、娱乐街区。涂鸦城以其独特的艺术气息、文化底蕴、娱乐元素、规模效应为大庆城市转型发展的有力助推器，成为大庆旅游文化的新地标。

黑龙江省大庆赛车小镇内建有67栋建筑，涂鸦总面积为112867.86平方米。楼层外观均以涂鸦绘画进行覆盖，涂鸦建筑群浩大，艺术气息独特，各种汽车、奥特曼等卡通人物，以及变形英文字体、3D写实、场景写实等涂鸦，色彩艳丽、艺术夸张，视觉冲击力强。2019年5月25日，经世界纪录认证(WRCA)官方工作人员现场审核，大庆赛车小镇被确认为"世界最大的涂鸦艺术区"。认证官大明为大庆赛车小镇董事长朱富颁发世界纪录认证证书。

世界最大的木结构酿酒车间
The world's largest wooden brewing workshop

　　泸州凯乐名豪酒业有限公司董事长周德文先生组织建造的木结构酿酒车间采用明清时代的古建筑风格：主体全部由榫卯木结构支撑，选用从俄罗斯进口树龄达50年以上的杉木加工而成，用榫头连接，没有使用一颗钉子；屋顶铺设青瓦，外墙和地面青砖砌成，全部由土窑特别烧制。

泸州凯乐名豪酒业有限公司位于中国白酒金三角核心腹地泸州市泸县。他们以原酒生产为基础，精心打造泸州乃至中国酿酒文化底蕴和质量文化内涵，古建筑特色的古法手工酿酒企业。"泸州周氏古法天锅酿酒技艺"生产历史悠久，不单具有重要的人文价值，而且能够反映泸州人民在生产和生活中的聪明才智及精益求精、积极上进的生活态度，被列入泸州市第五批中国非物质文化遗产保护项目。

2019 年 4 月 16 日，泸州凯乐名豪酒业有限公司在政府各部门领导和嘉宾的见证下隆重举行世界纪录认证现场授牌仪式。经世界纪录认证(WRCA)官方审核，位于四川省泸州市泸县经济开发区的名豪酒业酿酒车间投产于 2013 年 10 月 13 日，总建筑面积 4914.84 平方米，建有酿酒夫妻型窖池 262 口（规格 3.2 米 ×2.4 米 ×2.5 米），被认证为"世界最大的木结构酿酒车间"，认证官大明为名豪酒业董事长周德文先生颁发世界纪录认证证书。

  北京塞隆国际文化创意园前身为北京胜利建材水泥库，始建于1984年，当时有32座大筒仓，每座大筒仓直径8.5米，高13.5米，主要用于水泥的存储，曾在1990年承担北京亚运会场馆建设水泥料储存任务，2008年为支持北京奥运会，在原有的基础上又加了14个直径7米，高12米的小筒仓，发展至46个。所有筒仓均为"二大一小"的呈现，即二个大筒仓夹一个小筒仓排列，成片形成筒仓群，极具震撼效果。北京塞隆国际文化创意园位于广渠路沿线，隶属于北京市双桥农场有限公司，是首农食品集团对标"四个服务"，加快推动"腾笼换鸟"和转型升级，打造环五环"一圈一系"目标整体战略思路的样板园区。被载入世界纪录的46座筒仓如今已经成为首农食品集团打造环五环"一圈一系"目标的标志性文化符号。作为"文化双桥"的主要组成部分，塞隆的46座水泥筒仓通过亮化技术赋予其生命力，为城市展现出极具工业特色的夜景，为首都核心区与城市副中心的廊道展现一个画卷。

坐落于国家文化产业创新实验区东南端的北京塞隆国际文化创意园内，有世界最大水泥筒仓群。如今，这里的 46 座水泥筒仓全部实现夜间亮化，极具工业特色的夜景已成为连接首都功能核心区与北京城市副中心廊道的新夜景，"扮靓"广渠路。

世界最大的水泥筒仓群
World's largest cement silo structures

目前，北京塞隆国际文化创意园运用先进激光投影技术，将园区的46座水泥筒仓全部实现夜间亮化。置身其中，文化的传承与流动、资源的整合与配置、社群公益与公共特性一览无余，它已成为连接首都功能核心区与北京城市副中心廊道的新夜景，使工业遗存真正"活"起来，唤醒了市民对城市的记忆。

为了树立园区标志性建筑形象，北京塞隆国际文化创意园2018年开始向世界纪录认证（WRCA）申请"世界最大的水泥筒仓群"的认证。经过前期申请、现场测量、数据确认等严密的认证流程，世界纪录认证（WRCA）最终确定北京塞隆国际文化创意园内的46座筒仓符合认定要求，被认定为"世界最大的水泥筒仓群"。

世界最大的水泥筒仓群

World's largest cement silo structures

2018 年 8 月 28 日，经世界纪录认证 (WRCA) 官方人员现场测量确认，坐落在北京塞隆国际文化创意园的水泥筒仓群，筒仓共 46 个，大的直径为 8.5 米，高 13.5 米，小的直径为 7 米，高 12 米，被认定为"世界最大的水泥筒仓群"。认证官亚历山大向双桥农场总经理张保华颁发世界纪录认证证书。

世界树龄最长的巨柏
World's oldest Tsangpo River cypress

巨柏，又称"雅鲁藏布江柏树"，是国家一级保护树种，也是西藏特有的柏树，更是濒危树种。世界柏树王园林景区位于西藏自治区林芝市八一镇巴吉村，距八一镇5千米，距318国道1千米处，园内有10公顷近1000棵巨柏，其中树龄在1000年以上的有380余棵。据考证，目前西藏只有这一处大面积的巨柏纯林，米林、朗县以及波密县境内仅有一小片。园林平均树高44米，平均直径1.58米。

2019年7月31日，"世界树龄最长的巨柏"世界纪录认证结果宣布仪式在西藏自治区林芝市巴宜区八一镇世界柏树王园林景区举行。林芝市旅游发展局、市文化旅游投资公司、市文化局、巴宜区委、区政府、八一镇党委、区文化和旅游局等相关领导、有关媒体、巴宜区各景点、旅行社、巴吉村村"两委"、群众代表及游客200余人一同见证了这一历史时刻。

WRCA 世界纪录保持者
WORLD RECORD HOLDER

经世界纪录认证(WRCA)官方工作人员现场审核,位于世界柏树王园林内的一株雅鲁藏布江柏木(又名巨柏),树高 57 米,胸围 14.8 米,树龄约 3200 年,被确认为"世界树龄最长的巨柏"。世界纪录认证(WRCA)驻华申报中心主任赵青太现场宣布认证结果并颁发世界纪录认证证书。

世界最长同路径山地索道
The longest same path mountain cableway in the world

　　梅花山旅游景区位于贵州省六盘水市界内，距六盘水市中心5千米，因其山中梅花簇立得名梅花山。景区海拔2600米，"春赏梅，夏避暑，秋踏青，冬滑雪"是梅花山景区的四季布局，这里还有日出、云海、佛光、雾凇等奇特景观。景区规划总面积67.21平方千米，占地30.98平方千米，有滑雪场、梅花山国际度假公园、游客集散中心、彝家乐园、回民风情园等项目。

世界最长同路径山地索道
The longest same path mountain cableway in the world

　　梅花山旅游景区是贯彻落实贵州省委省政府构建"全域旅游"格局和"生态优先绿色发展"战略部署打造的集"避暑、观光、度假、运动"为一体的高端"野奢"景区。景区充分借鉴欧洲山地国家旅游发展的成功经验，抢抓高速时代和山地大健康旅游产业发展新机遇，力争建成世界知名、国内一流的山地型生态休闲度假旅游胜地。

世界最长同路径山地索道
The longest same path mountain cableway in the world

　　梅花山索道以展示凉都自然人文景观风貌为出发点，立足打造全新交通旅游产品，项目总投资9.37亿元，总长9.91千米，起终点垂直高差620米，分别在明湖国家湿地公园、瑶池、梅花山国际滑雪场、梅花坪景区配套四座自然仿生风格的站房。索道设备从法国波马公司进口，配备193个8人普通吊厢和6个VIP4人透明吊厢，最高运速6米/秒，单小时运量1500人，日运量达1.2万人次。

2019 年 9 月 28 日，位于中国六盘水市梅花山旅游景区内的乌蒙载人索道，总长 9.91 千米，起终点垂直高差 620 米，全线贯穿梅花山旅游景区。经世界纪录认证(WRCA)官方审核，该索道线路被确认为"世界最长同路径山地索道"。认证官亚历山大为六盘水梅花山旅游文化投资有限公司的刘关文先生颁发世界纪录认证证书。

最长的玻璃观光悬廊
Longest cantilevered glass-bottomed skywalk

仙人街景区位于贵州省石阡县龙井乡关口坪村，景区规划投资 11.2 亿元，主要景点就是最长的玻璃观光悬廊。它悬空于 550 米高的悬崖峭壁之上，整体由山体伸出直线长达 230 米、悬挑 91.8 米，游客置身其中，震撼而刺激，人在走，廊在抖…… 这里有全世界最完整的整体巨石的天然仙人石板街，仙人石板街长约 2000 米，宽约 88 米，游客能目睹世界罕见奇观。这里有渡仙桥，巨型的钢柱和几十条钢索固定住桥身，桥面采用 9D 玻璃安装，自带感应功能，人踩上去，玻璃不仅会出现碎裂效果，更能清晰听见玻璃破碎的声音…… 游客可以体验悬崖秋千，体验步步惊心、悬崖滑索、悬崖餐厅等。

2019 年 10 月 18 日，经世界纪录认证（WRCA）官方现场审核，位于中国铜仁市石阡仙人街景区内的"空中玻璃悬廊"，空中总长 230 米，悬崖外挑 91.8 米，距地面高为 460 米，被确定为"世界最长的玻璃观光悬廊"，认证官潘淑娜为其负责人颁发世界纪录认证证书。

世界最大的真空造浪池
World's largest vacuum wave pool

造浪池位于广东省湛江吴川市鼎龙湾国际海洋度假区内，系国家旅游局全国重点发展的旅游项目之一。该项目按照世界顶级水上乐园标准设计施工，完美结合鼎龙湾地理及自然条件，选取了地理位置及自然条件非常接近的美国得克萨斯州作为主题设计元素，将牛仔文化以及以往的石油开采热潮等文化主题融入园区，配以当地的风化沙漠景观，充满美国西部风情。

德萨斯水世界共设达拉斯城、阿拉莫海、响尾蛇峡谷、黑金油田、仙人掌镇、佩斯科河谷、格兰德河谷七大区域，选用全球顶级滑道品牌供应商白水、Polin作为供应商，设置有海啸造浪池、家庭造浪池、超大型互动水寨、漂流河、激流河、儿童戏水乐园以及水上过山车、穿山蛇滑道、大喇叭滑道、巨碗滑道、合家欢滑道、高速滑道、水环人体滑道、儿童滑道等32种滑道组合。

世界纪录保持者
WORLD RECORD HOLDER

鼎龙湾规划总投资约 600 亿元, 占地约 25000 亩, 联合阿特金斯、美国 WTI、美国 GGE、加拿大白水公司、欧洲 Polin 水上乐园、Bill Bensley、中国建筑集团、中国航天建设集团、万豪酒店集团、希尔顿酒店集团、凯悦酒店集团等国际知名企业共同打造, 是一座日承载量超 10 万人次, 年承载量超 3000 万人次以上的世界级滨海欢乐王国。

2019 年 4 月 27 日, 世界纪录认证 (WRCA) 官方工作人员现场审核, 德萨斯水世界中总占地达 12976.28 平方米的真空造浪池"阿拉莫海"正式确认为"世界最大的真空造浪池", 认证官大明现场宣布并颁发世界纪录认证证书。

世界最大的单体溶洞石柱
World's largest cave column

　　茅岩河景区位于湖南省张家界市永定区、桑植县界内，总面积约 120 平方千米。该景区以茅岩河为轴线，全长约 35 千米，沿线有九天玄女洞、洪家关元帅故里、茅岩河平湖游、茅岩河漂流、苦竹寨、星空营地、喷射快艇、温塘温泉、玉皇石窟等景点。该景区是一个融洞天美景、峡谷风光、水上游乐、民俗风情、创意体验于一体的旅游资源聚集区，是张家界西线旅游"一轴五区多点"布局的核心组成部分。该景区依托张家界武陵源这一旅游胜地，快速成长为张家界市西线旅游一颗靓丽之星。张家界"奇峰三千、秀水八百"，如果说奇峰林立、峰峦叠起的天门山、天子山是张家界雄伟的象征，那么奇美玄幻、逶迤蜿蜒、流水汤汤的茅岩河景区则是张家界温柔的灵魂。

　　九天玄女洞坐落在茅岩河景区北端，桑植县西南 17 千米的利福塔乡水洞村界内。该洞因有九个天窗与洞顶地面相通，且洞中有"九天玄女"石柱而得名。九天玄女洞是天然溶洞，已经探明可供游览的面积达 250 多万平方米，相当于 400 个标准足球场大小，被国际地质学界公认为"亚洲第一大洞"。该洞又因洞内石笋林立，宛若张家界武陵源三千奇峰，也被誉为"地下张家界"。2018 年，洞内灯光全面改造，不同色彩的灯光，展示从玄鸟到玄女，最终玄女帮助黄帝打败蚩尤的神话故事。

　　经世界纪录认证（WRCA）审核，位于中国张家界茅岩河景区九天玄女洞内的一根单体钟乳石柱，高 12 米，底端周长 21.5 米，该石柱被认证为"世界最大的单体溶洞石柱"，认证官潘淑娜为其负责人颁发世界纪录认证证书。

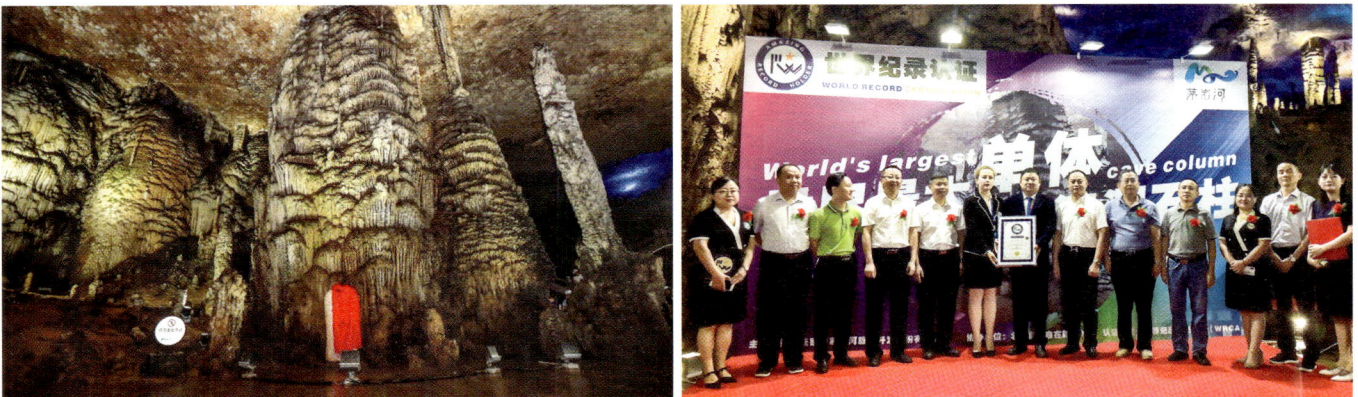

贵州六盘水野玉海2项世界纪录
Two World Records in Yeyuhai, Liupanshui, Guizhou

野玉海山地旅游度假区设立于2014年9月，是贵州省重点打造的100个旅游景区暨"5+100"工程28个重点景区之一。度假区规划总面积509.76平方千米，核心区总面积68平方千米，由野鸡坪高原户外运动基地、玉舍国家森林公园和海坪彝族文化小镇组成。最高海拔2503米，最低海拔1700米，年平均气温12℃—14℃，夏天平均气温19℃，自然植被覆盖率达到81.3%，负氧离子35000个/立方厘米至50000个/立方厘米，空气质量达到GB3095-2012一类区标准，是天然的避暑度假旅游胜地，有着"春踩水城春绿、夏来花海漫步、秋看杏黄果熟、冬在雪上飞舞"的盛赞美誉。

依托"中国凉都六盘水"独特的凉爽气候优势，围绕山地森林和彝族文化两大主题资源，野玉海度假区先后打造了彝族风情小镇、彝族历史文化博物馆、云端观光小火车、玉舍雪山滑雪场（四季滑雪滑草场）、玻璃栈道、5D球幕影院等45个文旅体育项目。

最高的螺旋盘升跨坐式单轨桥
World's highest spiral-lifting straddle monorail bridge

　　由株洲中车特种装备科技有限公司设计建造的、位于野玉海景区内的观光小火车，游览专线全长约 11 千米，全程高差为 220 米，单程长 5.2 千米。轨道全部应用架设钢梁结构，其中螺旋观景段是轨道钢梁圆形直径 60 米、坡度 6%、坡长 720 米的三层半螺旋式结构，立柱高达 47 米，当车辆行驶至螺旋段时，会惊现"高铁爬楼"奇观。2019 年 4 月 27 日，经世界纪录认证（WRCA）官方人员现场核实，该景区螺旋观景段轨道被确认为"最高的螺旋盘升跨坐式单轨桥"。认证官亚历山大为景区负责人颁发世界纪录认证证书。

世界纪录保持者
WORLD RECORD HOLDER

WRCA

建筑·景观类
世界最大的鞭陀文化博物馆
World's Biggest Museum of Whips and Spinning Tops

　　水城县野玉海景区打造的"世界鞭陀文化博物馆"上窄下宽的锥形体结构，形如陀螺，是一座集保护、收藏、研究、加工、展示、培训、表演等功能为一体的鞭陀主题展馆。2018 年 7 月 20 日，经世界纪录认证（WRCA）官方工作人员现场审核，该博物馆高 22 米，建筑面积达 4628 平方米，馆内以鞭子、陀螺文化展览展示为主，被确认为"世界最大的鞭陀文化博物馆"，认证官潘淑娜为景区负责人颁发世界纪录认证证书。

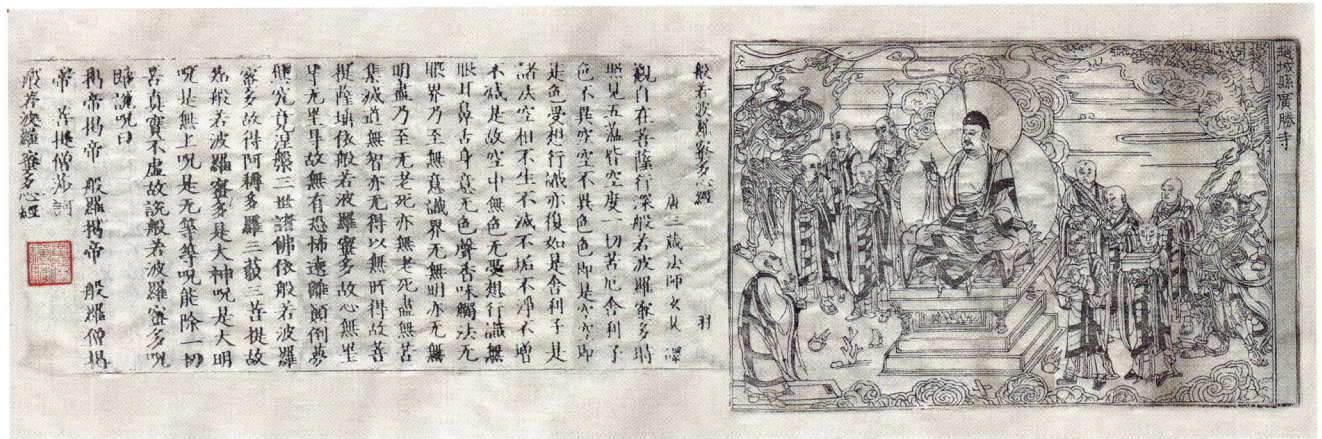

广胜寺历史悠久，建筑奇特，文物珍贵。塑像壁画琳琅满目，碑碣题咏浩如烟海，具有极高的历史、科学、艺术价值。其中飞虹宝塔天下无双，《赵城金藏》属世界孤本，元代戏剧壁画更是中国戏曲史上不可多得的瑰宝，被誉为"广胜三绝"。

广胜寺

　　广胜寺景区坐落于山西省洪洞县，国家 AAAA 级景区 。1961 年，被国务院公布为第一批全国重点文物保护单位。寺院始建于东汉桓帝建和元年（147 年），原名俱庐舍寺，亦称育王塔院，唐代改称广胜寺。唐大历四年（769 年），中书令汾阳王郭子仪撰置牒文，奏请重建。宋、金时期，广胜寺被兵火焚毁，随之重建。元成宗大德七年（1303 年），平阳（今临汾）一带发生大地震，寺庙建筑全部震毁。大德九年（1305 年）秋又予重建。此后，明嘉靖三十四年（1555 年）和清康熙三十四年（1695 年），平阳一带又发生地震，但这两次地震寺宇未遭大的损坏，除上寺飞虹塔及大雄宝殿明代重建外，其余均为元代建筑。

世界最高的多彩琉璃塔
World's tallest colorful glazed pagoda

　　这座多彩琉璃宝塔经历过岁月的洗礼，模样仍然如同史册描写的那样，瑰丽壮美，完好地保留至今。可能很多人都不知道广胜寺，但如果和大家说，这是 1986 版《西游记》中《扫塔辨奇冤》的取景地，可能不少人都有印象了。这座琉璃塔反映了民间高超的琉璃烧造技艺，塔中空，有踏道翻转，可攀登而上，设计十分巧妙。而整座琉璃塔在阳光下更壮丽，赤、橙、黄、绿、青、蓝、紫，胜似道道雨后彩虹，也因此而得名"飞虹塔"。

位于中国洪洞县广胜寺内的飞虹塔，塔身以青砖砌成，外部以黄、绿、蓝、紫、白五色琉璃构件镶嵌，总高 47.31 米，平面呈八角形，共计十三层。2018 年 8 月 29 日，经世界纪录认证（WRCA）官方工作人员现场测量审核，被认定为"世界最高的多彩琉璃塔"。世界纪录认证官大明为负责人颁发世界纪录认证证书。

世界最大的夜明珠（萤石球）
World's largest luminous pearl

江西大觉山属于国家5A级旅游景区，位于江西省抚州市资溪县界内，江西省东部、武夷山脉西麓，中心位置位于东经116°46'，北纬27°28'，与福建光泽交接，东距福建武夷山风景区130千米，西距福建泰宁大金湖风景区150千米，北距江西龙虎山风景区70千米，占地面积204平方千米。大觉山形成于晚中生代时期，平均海拔900米左右，大觉寺东侧的鹤东峰海拔1364米，为大觉山景区最高峰。

大觉山景区分为东、西两大片区。东区以30万亩原始森林为依托，汇集各类植物达1498种，并有近40种一、二级国家名贵保护动植物，被誉为"天然氧吧、动植物基因库"。西区则有高山湖泊、峡谷漂流、千年古刹、天廊等景点，融自然生态和佛教文化于一体。

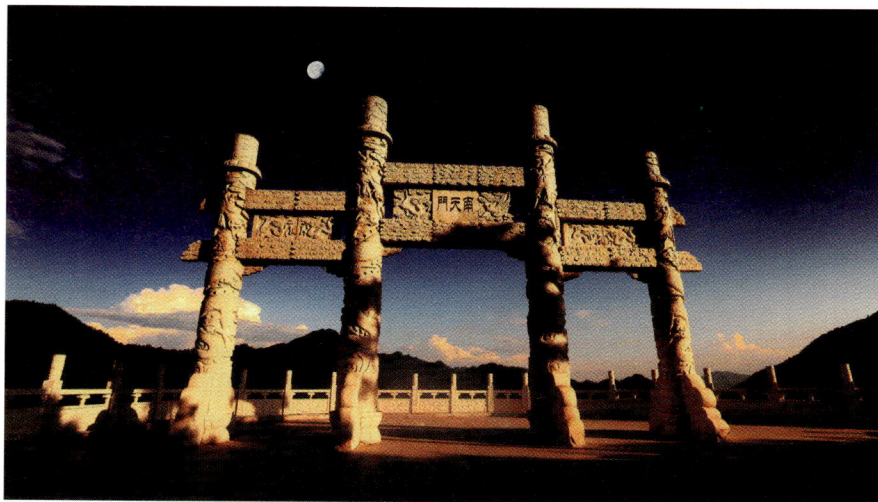

大觉山最有趣、最令人难忘的当属大觉山峡谷漂流，被称为"点燃生命激情，尽享自然精华"。该峡谷长 3.6 千米、落差达 188 米，途经一谷三弯六潭九瀑，水流湍急，峰回路转，浪遏飞舟，是搏击人生，挑战自我，释放生命激情的极品漂流项目。

被誉为崖壁上的芭蕾的"大觉山飞拉达"项目是一期子项目中尤为值得一提的。它保留了野外攀岩的惊险刺激，让人达到锻炼体能和意志的目的，普通人也能驰骋悬崖，会当凌绝顶，获得极大的精神享受。

夜明珠是一种稀有的宝石，古称"随珠""悬珠""垂棘""明月珠"等。它是地球内的一些发光物质经过了几千万年，由最初的火山岩浆喷发，到后来的地质运动，集聚于矿石中而成。含有这些发光元素的石头，经过加工，就是人们所说的夜明珠。

大觉明珠通体为翡翠绿色，圆滑而光润，就直径、重量和价值远远高于之前出现过的夜明珠。夜明珠是一种在黑暗中，人眼能明视的、天然的、能自行发光的稀有宝石，在现场黑暗的环境中自然发出由绿到白的荧光，犹如一轮明月。

2019年9月13日，中秋佳节，大觉山景区集团举行了隆重的明月中秋晚会——大觉明珠耀世盛典。

世界最大的夜明珠（萤石球）
World's largest luminous pearl

由中国江西大觉山景区集团有限公司收藏的萤石球（俗称"夜明珠"），材质以萤石矿物为主，直径为 1.81 米，重量为 10080 千克。经世界纪录认证（WRCA）官方工作人员现场审核，被确认为"世界最大的夜明珠（萤石球）"。认证官亚历山大为其负责人颁发世界纪录认证证书。

世界最大的碓窝
The largest hollowed out pestle in the world

　　明朝末期，湖广移民搬迁至重庆后，每逢中秋和春节，人们用碓窝打出的糍粑都被当作重要的节礼。随着双江古镇商业繁荣和文艺发展，双江碓窝打糍粑的工艺技术和印花造型种类越来越多样化，人们还在打糍粑劳作过程中创作了双江糍粑号子，传承至今，形成了双江古镇的糍粑民俗文化。为了传承与发扬双江碓窝的民俗文化，重庆市潼南区旅游开发(集团)有限公司与重庆市华本汉文化传播有限公司决定在潼南区双江古镇兴隆街广场打造一个世界最大的碓窝。

　　"双江碓窝"由碓窝、碓锥、操作架三大部分组成。制作双江碓窝世界之最的原石材总重量达60000千克，制作成品后总重量达25000千克，体高1.58米，体宽2.15米。碓锥的锥棒总重量达360千克，操作架5.8米，左边的支架上缠绕一条大金龙，右边的支架上缠绕一条大银龙，操作架横梁顶部有直径25厘米的火焰龙珠。双江碓窝的顶部四方各有一个耳檐，四面四周分别雕刻"梅兰竹菊"花草植物，并雕刻双江先民椿糍粑的人物场景。碓窝上部边沿雕刻汉式花纹和"世界之最双江碓窝"八个大字，底部四周外围呈八方落地，落地底座用石材雕刻"春夏秋冬、二十四节气、十二时辰"的文字，寓意双江碓窝"风调雨顺、人寿年丰、四季繁荣、生活幸福"。

世界最大的碓窝
The largest hollowed out pestle in the world

在潼南双江古镇 2019 年俗文化旅游节开幕当天，经世界纪录认证(WRCA)官方工作人员现场测量，由碓窝、碓锥和操作架三大部分组成的这一"双江碓窝"边长 2.15 米，高 1.8 米，直径 1.61 米，超过现在已知的碓窝体积，成功通过认证，认证官大明向双江古镇颁发了世界纪录认证证书，"双江碓窝"由此成为"世界之最"。

世界最大的心形玻璃观景平台
The biggest heart-shaped glass observation platform

　　520玻璃观景平台位于巨石山"石猿问天"的最高点，高度海拔520米，长度520米，整个平台采用2米×2米超大整体高清晰玻璃焊接而成，集玻璃平台、玻璃长廊、玻璃栈道为一体，有520米海拔高度、520米栈道长度、520度天空绝景。2018年8月17日，经世界纪录认证（WRCA）官方工作人员现场审核，520玻璃观景平台整体呈现"爱心形状"，总面积为375平方米，被确认为"世界最大的心形玻璃观景平台"。

最多古代磨盘组成"九曲黄河阵"

The "Yellow River nine arrays", constructed out of the most ancient millstones on water

　　九曲黄河阵所在的太行花溪谷景区，面积10平方千米位于河北邯郸武安市西部山区，距武安市区50千米的国家级自然保护区和国家级森林公园内。太行花溪谷景区的九曲黄河阵，一共用了527块明清两代的古老磨盘(磨盘厚度25厘米左右，大小60厘米左右，重量150千克左右)，放在527个圆形立柱上，组成25米×25米，高70厘米正方形的九曲黄河阵。2016年11月26日，经世界纪录认证(WRCA)官方审核，被确认为"最多古代磨盘组成'九曲黄河阵'"。

世界最大的皇冠开瓶器个人博物馆
World's largest individual museum of crown bottle

WRCA 世界纪录保持者
WORLD RECORD HOLDER

　　"谷事会"博物馆由无锡华莱坞文化旅游有限公司、谷事会文化发展无锡有限公司与江南大学生物工程学院合作创办。博物馆以国家重点学科——江南大学生物工程发酵专业为依托，引进世界领先酿造设备。作为镇馆之宝，来自70余个国家的2200余件皇冠开瓶器为我们展示了独特的工艺美学和悠远的历史文化。不同国度、不同时期的开瓶器是科学、技术、艺术的结晶，是各国饮食器具的重要组成部分，也是表现社会经济和文化发展的重要载体。

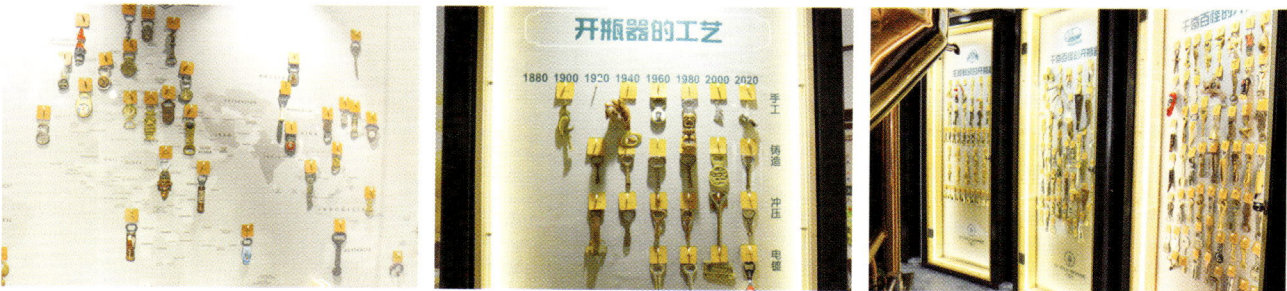

　　2017年12月5日，经世界纪录认证（WRCA）官方工作人员现场核实，许晓帆、杨丽夫妇创办的"谷事会"博物馆，被认定为"世界最大的皇冠开瓶器个人博物馆"。认证官潘淑娜为其颁发世界纪录认证证书。

书画·雕塑类

Arts ·Sculptures

德龙钢铁 6 项世界纪录
6 world records achieved by Delong Steel Co. Ltd.

　　河北省邢台市信都区的德龙钢铁，距市中心约 10 千米，距省会石家庄约 120 千米，区位优越，道路通达。园区占地 1800 亩，现有员工 3700 人。2017 年 7 月被评定为国家 AAA 级旅游景区，国家首批绿色工厂。2019 年 9 月通过了河北省文化和旅游厅 AAAA 级景区景观质量评审，现已成为国家 AAAA 级旅游景区，也是全国钢铁企业首家 AAAA 级旅游景区。这不仅体现了德龙坚持转型升级的态度和决心，更是对德龙环保工作的高度认可。

　　栉风沐雨 20 年，德龙始终把环保作为企业生命线，坚持以精益管理为核心，按照"瞄准世界最先进水平、投入不设上限""尽社会责任、创绿色财富""低头弯腰做环保，抬头挺胸说环保"等理念，手持放大镜、身穿防护服，以"强迫症"式的态度，将环保一步步做到了极致。

　　德龙对待环保从来不是应付，而是当作一项事业，因为只有这样，才能真正把心用到环保上来，提升环保治理能力和水平。德龙管理理念中有 5 个不等式，即传达≠布置，布置≠领会，领会≠执行，执行≠结果，结果≠业绩。无论说得多好，没有执行或执行不到位就等于零。抓环保同样如此，只有抓牢考核，才能抓好落实。为此德龙专门开设了环保蜗牛奖，每月对各生产分厂进行评定，选出慢蜗牛，"获奖"分厂一把手需要当着全体中高层的面做检讨，还要有相应的惩罚。除此之外，德龙还制定了一整套环保追责考核制度，对发现的问题第一时间进行追责，以此倒逼环保提档升级。

德龙钢铁 6 项世界纪录
6 world records achieved by Delong Steel Co. Ltd.

钢铁企业的污染，主要来自生产中的粉尘、烟尘和废水、废渣，德龙本着"尽社会责任，创绿色财富"的理念，走遍世界顶尖钢铁企业，如日本新日铁、韩国浦项、德国蒂森克虏伯等，寻找国际最先进环保技术，快速采用、大胆尝试。经过努力，德龙逐渐给企业穿了一层"防护服"，把污染源切断、控制、循环利用，达到环保治理的目标。

如高炉出铁场全封闭，彻底颠覆了人们对传统炼铁的认知，"国内钢铁企业第一家"（第十九届中央委员，中央统战部副部长，全国工商联党组书记、常务副主席，中国民间商会副会长徐乐江视察德龙时称赞）；开展炼钢除尘综合治理项目，给生产设备带上"帽子"，开创了国内钢铁企业厂房除尘的先例，德龙正式迈进绿色"无烟（蒸汽）"工厂；钢铁企业第一家投用智能环保雾桩，该系统可以实时监测 PM2.5、PM10，自动喷雾调节改善空气质量；完成 10 座监测微站安装调试工作，成为邢台首家在厂区安装六参数微站的钢铁企业；配备一套走航监测设备，每日对厂区进行走航监测，对厂区一氧化碳浓度偏高区域，查找原因，及时解决；钢铁企业第一家投用全自动智能洗车机，运输车辆必须"洗过澡"才能进出大门，有效降低扬尘污染；封闭料场安装雾炮和喷淋装置，又在出口处安装自动冲洗装置，打造"穿雨衣还打伞"的双保险，减少车辆带尘行驶的问题；实施循环水池和软水系统改造工程，工业废水、生活污水全部回收处理、循环利用，达到国家一级水质标准……

一项项设备的投入使用，带来的是德龙各项污染物排放量大幅降低，使德龙排放达到比超低排放标准更加严格的德龙标准。

德龙钢铁 6 项世界纪录
6 world records achieved by Delong Steel Co. Ltd.

钢铁元素，一步一景。建设景区，首先得有"景"。德龙得益于近年来环保工作的努力，通过"见缝插针"的方式，累计种植各类树木 37 万余株、灌木 42 万余株、草坪 18 万平方米，整体绿化率近 40%。在此基础上，着力打造三种类型博物馆，从不同维度展示钢铁生产的发展历程：以钢铁生产工艺流程为载体，展现现代化钢铁生产的"活态钢铁博物馆"；以中国钢铁生产发展历史为脉络，结合地方历史文化和重大冶金事件建设完成的"钢铁历史博物馆"；以企业发展历程为核心的"德龙钢铁博物馆"。三馆有机融合，为游客铸就了解钢铁文化的立体窗口。此外，德龙提出"人人共建"的理念，打造具有钢铁元素的景点，如极具视觉冲击力的钢铁大门、壮观大气的"标杆"雕塑共计 33 项，让游客从步入景区开始，直观地感受到钢铁元素。

匠心独运，一工一艺。德龙在景区建设过程中，充分吸收"手办"文化精髓，以建设国内第一个钢铁文创产品设计生产基地为契机，打造百余人的文创制作工匠团队，利用废弃钢材、零件、炉渣废料等，结合邢台本地文化特色，开发制作手工艺品、纪念品、日常用品等多种产品，钢铁摩托、自行车、生产设备……这些按比例缩小的朴实"手办"，充分展现了德龙匠人的聪明才智，同时，作品被井冈山革命博物馆、天府四川金融博物馆等收藏，并入选 2019 河北文创精品展，得到省市领导和社会各界的高度评价，形成了集设计开发、制造生产、市场销售为一体的文创旅游产业。

优质服务，一心一意。参观景区，三分看、七分听。要想获得最佳的观赏体验，就需要有专业的讲解员跟随。德龙十分注重这一点，不仅成立了景区接待科，配齐配足讲解员，还经常性对讲解员进行培训，确保讲解的准确和质量。同时，考虑到景区的面积，德龙还添置电瓶车，在每辆车上准备相应的安全帽、饮用水等，让前来游玩的游客，能够玩得安全舒心。

世界最大版钢铁制作的《心经》
Biggest iron and steel "Heart Sutra"

在德龙文化园内，伫立着一座世界最大的钢铁版《般若波罗蜜多心经》，全长 77 米，高 14 米，单字面积 1 平方米，全文共计 268 字（不含落款），以钢板为材质制作而成。

2018 年 5 月 25 日，经世界纪录认证（WRCA）官方工作人员现场核实，钢铁版《般若波罗蜜多心经》被认定为"最大版钢铁制作的《心经》"。认证官潘淑娜现场为德龙钢铁董事长丁立国颁发世界纪录认证证书。

自制钢雕机器人模型最多的钢铁企业
Most self-made steel robots in the world

中国河北省德龙钢铁有限公司建造的"德龙金刚园"园区内陈列钢雕机器人模型215座，均由公司员工以废旧配件、钢材等组装制作而成。2018年5月25日，经世界纪录认证（WRCA）官方工作人员现场审核，德龙钢铁有限公司被认定为"世界上自制钢雕机器人模型最多的钢铁企业"。认证官潘淑娜现场为德龙钢铁总经理颁发世界纪录认证证书。

世界最大钢铁"象"形雕塑
Largest steel elephant sculpture

　　中国河北省德龙钢铁有限公司员工，以钢材为原料，历时 40 天拼接焊制完成了一尊"象"形雕塑。该雕塑总长 12.12 米，高 6.28 米，重约 12880 千克，经世界纪录认证（WRCA）官方现场审核，被认定为"世界最大钢铁'象'形雕塑"。德龙人用钢铁"大象"表达了对国泰民安、吉祥如意的赞颂，表达了对每一位关注德龙发展的人们的良好祝愿。

世界最大钢铁"笙"形雕塑
Largest steel sheng sculpture

在德龙动力厂内，废分子筛桶是最难处理的，这种桶既不能回收炼钢，也不具有其他价值。怎么办？ 30多名工匠联手，利用241个废分子筛桶及废旧钢板，设计制作成钢铁"笙"雕塑，体现了德龙人变废为宝、处处用心践行环保理念的精神。它寓意德龙钢铁文化植根中国传统优秀文化的沃土中，在新时代奏出绿色高质量发展最强音，"响"誉世界。

中国河北省德龙钢铁有限公司员工，以废旧配件、钢材为原料，制作完成了一尊"笙"形雕塑，雕塑高为21米，重约18000千克，经世界纪录认证（WRCA）官方现场审核，被认定为"世界最大钢铁'笙'形雕塑"。

世界最大跨度单体异型 PE 膜封闭料场
Largest span irregular-shaped PE membrane structure hermetic material yard

德龙钢铁有限公司园区内的封闭料场选用高强度重量比的 PE 膜，此类膜具有良好的自洁性能和防水性能。整体覆盖膜材满足白天自然采光要求，能抵抗温度变化及雨、雪、冰雹、大风等极端气候，可基本实现免维护，能有效抑制钢铁厂露天堆存造成的扬尘污染，达到料场日间作业无须照明的节能效果，显著提高社会效益、生态效益和经济效益。

经世界纪录认证(WRCA)官方现场审核，位于中国河北省德龙钢铁有限公司园区内的异型封闭料场，采用 PE 膜结构建造，其南北跨度 226.8 米，东西长为 423.6 米，封闭面积达 87400 平方米，被认定为"世界最大跨度单体异型 PE 膜封闭料场"。

德龙钢铁创 3 项世界纪录
3 more records achieved by Delong Steel Co. Ltd.

　　2019 年 10 月 20 日，3 项世界纪录认证仪式在河北省德龙钢铁园区内隆重举行，认证官亚历山大宣布 3 项世界纪录正式通过认证，分别是：世界最大钢铁"象"形雕塑、世界最大钢铁"笙"形雕塑、世界最大跨度单体异型 PE 膜封闭料场。认证官亚历山大现场为德龙钢铁相关负责人颁发世界纪录认证证书。这些世界纪录既是德龙员工精湛技艺、"全员参与环保治理"理念和创新精神的展示，也是对德龙钢铁近年来环保升级、绿色发展、优秀业绩的肯定。

奋进牛雕塑是炼钢厂5位工匠师傅历时34天的匠心之作，象征着德龙人厚德、实干、奋进的高尚品质和无畏精神，同时体现了德龙一直倡导的匠人精神。奋进牛一经面世，就成为唐山德龙的标志性雕塑和旅游观光的网红打卡地。

德龙钢铁实现了钢铁与艺术的完美融合，展现了钢铁雕塑艺术之美，诠释了废物利用的环保理念，为德龙增添了无限的艺术和人文气息。德龙用实际行动表达了中国钢铁人环保、绿色发展的立意和走向钢铁强国的意志；用不懈努力向社会证明：钢铁是温暖的，钢厂是绿色的。

德龙钢铁有限公司员工，以废旧配件、钢材为原料，制作完成了一尊"牛"形雕塑，2020年6月23日，经世界纪录认证（WRCA）官方现场审核，该雕塑长11.5米，宽3.2米，高5.3米，总重量18000千克，被认定为"世界最大的'牛'形钢铁雕塑"。认证官安永胜向相关负责人颁发世界纪录认证证书。

徐立明

字润德，号东博居士，当代杰出书法家、画家。

其名取"立足东方，明泽大地"之意；其字出自《大学》"富润屋，德润身"；其号源其书法"博采东方古今书法之精髓并推陈出新"。徐立明先生现任江西省毛体书法协会主席、中国书法家协会考级中心高级书法教授、世界华人书画艺术院院长、毛体书法艺术馆馆长、台北故宫书画院终身客座教授、英格兰皇家艺术基金会艺术顾问等职。

徐立明先生幼年即研习书法，尤为推崇王羲之、王献之、孙过庭等书家的笔墨神韵。多年的军旅生涯以及媒体工作的经历，更成就了其正直、洒脱与奔放的性格，为研究书法打下了坚实的基础。他"汲百家之长，融古今之慧"，逐渐形成了具有独特风格的"徐氏"书法，得到了国内外各界高度的评价和广泛赞誉。其作品在国内外书法大赛（参展）中多次获奖，多家报纸杂志选登，诸多墨宝被有关单位及国内外人士收藏。

徐立明先生2006年荣任中国农民书画研究会顾问，2007年被特聘为中国书画艺术委员会副会长，2008年荣获世界艺术大师、世界杰出华人突出贡献奖，2009年被评为世界杰出艺术大师，2010年入编《中国艺术百年》，2011年被授予"国宝级艺术家"，2012年当选中国艺术文化普及促进会副会长，并被评为"中国具影响力年度新闻人物"；同年组织海峡两岸名人名家书画赛在国内外参展，并担任组委会副主任。2013年荣获中国书法家协会考级中心颁发的高级教授荣誉称号。2014年被聘为政协画院副院长。2015年4月书法作品被文化部、邮政部荣入"纪念抗日战争胜利70周年"限量版精美邮册，在全国发行。同年7月，在《人民艺术三大家》荣选作品；11月，在《一代宗师》荣选作品，以上刊物已在全球公开发行。

世界最长的毛体书法《道德经》长卷
The Longest Mao Style 'Tao Te Ching' Calligraphy Scroll in the World

徐立明书法作品《满江红·武汉战疫》被人民大会堂收藏并展示。

世界最长的毛体书法《道德经》长卷
The Longest Mao Style 'Tao Te Ching' Calligraphy Scroll in the World

　　活动现场，该作品由现场数百人用双手托举，站成数排长长的队列，向参会的嘉宾和游客展出，让参观者感受书法作品气韵深畅、雍容大度的艺术魅力。

世界最长的毛体书法《道德经》长卷
The Longest Mao Style 'Tao Te Ching' Calligraphy Scroll in the World

2018 年，徐立明在江西龙虎山景区隐居数月，创作了《道德经》毛体书法长卷。

为全面提升江西省鹰潭市龙虎山风景名胜区"龙虎天下绝"的品牌形象，更好地传承和弘扬中华优秀传统文化，坚定中华民族文化自信，展示传统文化丰富内涵，宣传龙虎山的旅游文化资源，满足游客悟道寻根之旅的需要，2018 年 11 月 22 日，毛体书法《道德经》世界纪录认证活动在江西龙虎山举办。经世界纪录认证（WRCA）工作人员现场审核，总长度为 999 米的毛体书法十卷《道德经》成功创世界纪录，成为"世界最长的毛体书法《道德经》长卷"。世界纪录认证官大明为徐立明颁发世界纪录认证证书。

严水龙

严水龙，1964 年出生于福建省福清市，现任厦门市恒佳实业有限公司董事长，厦门华远文化艺术有限公司总经理、厦门市书法家协会理事，厦门市硬笔研究会顾问。

20 载春秋坚守，严水龙结缘微书，来自他从小对蝇头小楷的偏爱。2000 年，严水龙开始探索微书创作，既传承古法用笔，又用"精微"来表现现代张力。严水龙微书作品的艺术价值，得到了海内外书法爱好者的广泛认可。他以 0.8 毫米以下创下的"世界最小的微书作品"纪录，至今无人超越。

在严水龙看来，文化创新是无止境的。"二十年来，我用时光雕刻着微书艺术，从硬件限制上说，目前还只能写行书，希望今后有更多人探索微书艺术，发现传统文化之美。"目前，严水龙先生作品已被福建省博物馆、厦门市博物馆收藏。

作品欣赏

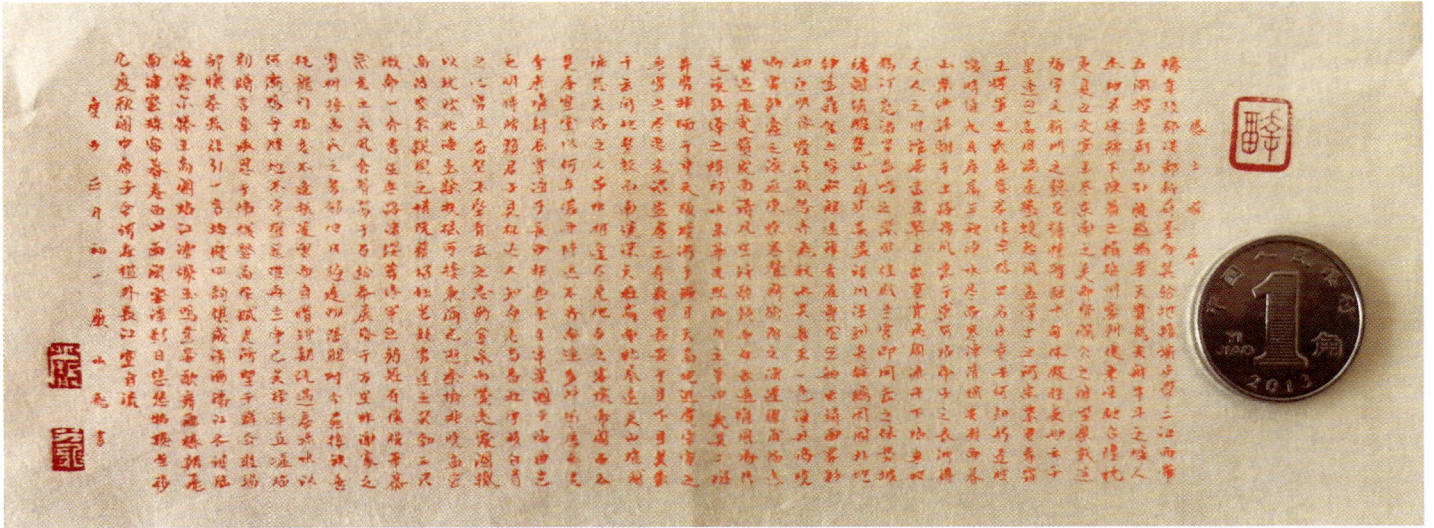

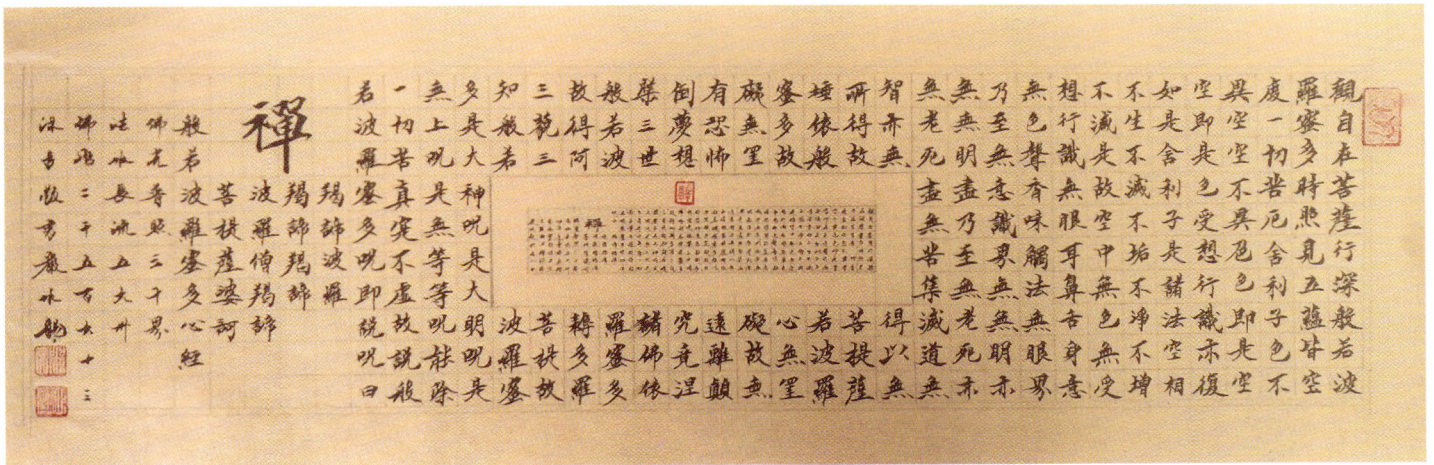

世界最小的微书作品
World's smallest micro book work

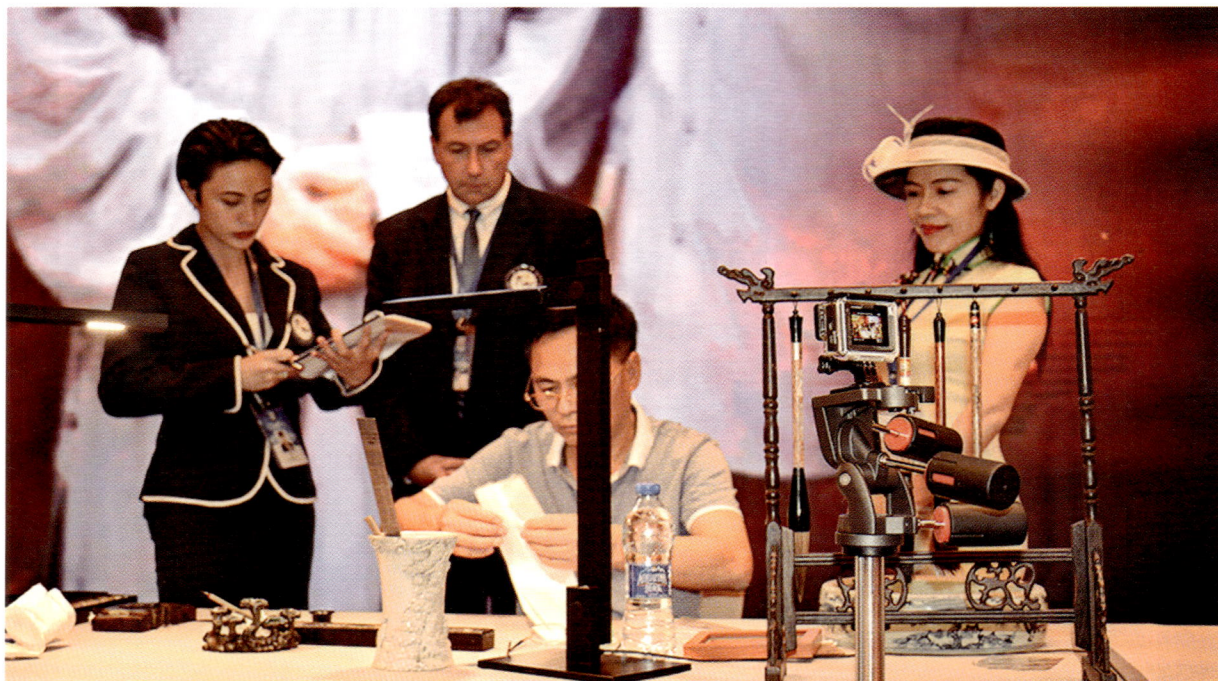

　　2017年7月5日，在厦门鼓浪屿对面瑞颐大酒店，当着世界纪录认证官工作人员、嘉宾、媒体和数百名观众现场挑战世界最小的微书，严水龙现场挥毫，在一张名片大小的纸张上写下整首《临江仙·滚滚长江东逝水》。

　　微书作品《临江仙·滚滚长江东逝水》，由严水龙用古法所写，全文及落款共计80字，每字大小均小于0.8毫米，字体为行书，经世界纪录认证（WRCA）工作人员现场审核，该作品被确认为"世界最小的微书作品"。认证官詹姆斯和余淑琴为严水龙颁发世界纪录认证证书。

张栓锦

　　张栓锦，1955年出生于嫘祖故里河南西平。张栓锦6岁入学，第二年开始用毛笔写字。塾师教学，柳体临帖，大、小楷是当时校规的必修课。他与书法艺术结下了终生不解之缘。

　　小学时代，他时常伴读于小小的煤油灯下刻苦练习，成为当时毛笔书写的佼佼者。升入中学后，没有课本，他天天以仿宋体刻钢板、印教材，供同学们学习；大学期间，多门课程的作业仍坚持用小楷完成。数十年来，他畅游于浩瀚的书海之中，孜孜不倦，笔耕不辍。他依次普临了楷书的欧、柳、颜、赵四体及后汉的隶书，行书的《兰亭序》《圣教序》《兰亭十三跋》等多家经典。同时，刻苦钻研古今书法理论，反复领会《书谱》及《书论》。在深得其精髓的基础上，具体分析笔势、章法与意境，融会贯通，灵活应用。

　　在近二十年的从军生涯中，他与毛笔如影相随，即便是在领导岗位上，也时常坚持用毛笔做笔记和起草文件。他曾多年从事教学工作。大学毕业后，任军校教员，担任理科基础课的教学任务；20世纪80年代初，军校开始招收本科生试点，因没有工科教师，他又承担了画法几何、机械制图课的教学；之后，他又在文科学校任校长兼书记，率先开设书法课，并亲自为学生传道授业，培养了大批书法人才。

　　他热衷于社会公益活动，尽力弘扬书法艺术。向社会各界及个人赠送的书法作品数以万计。多次举办个人书展，均受到社会各界好评。

张栓锦书法作品欣赏

世界最长的个人书法作品
The longest personal calligraphy collection

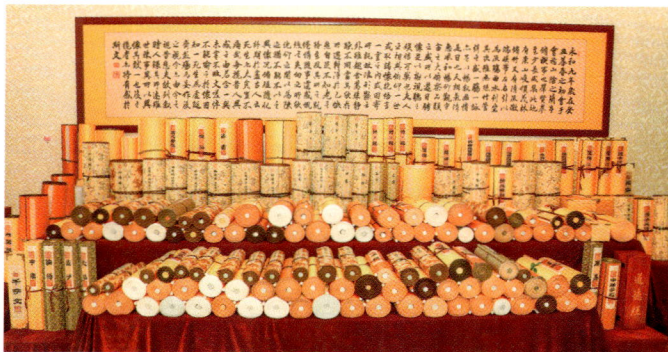

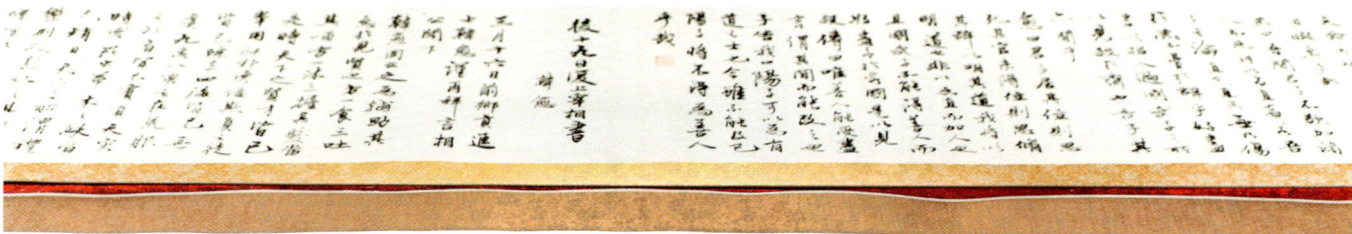

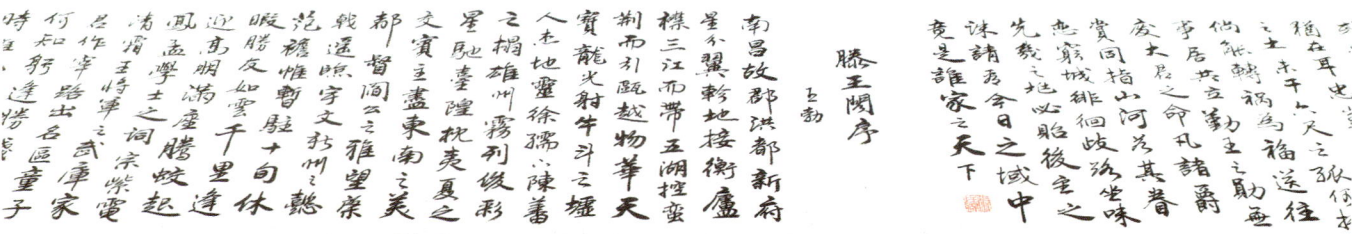

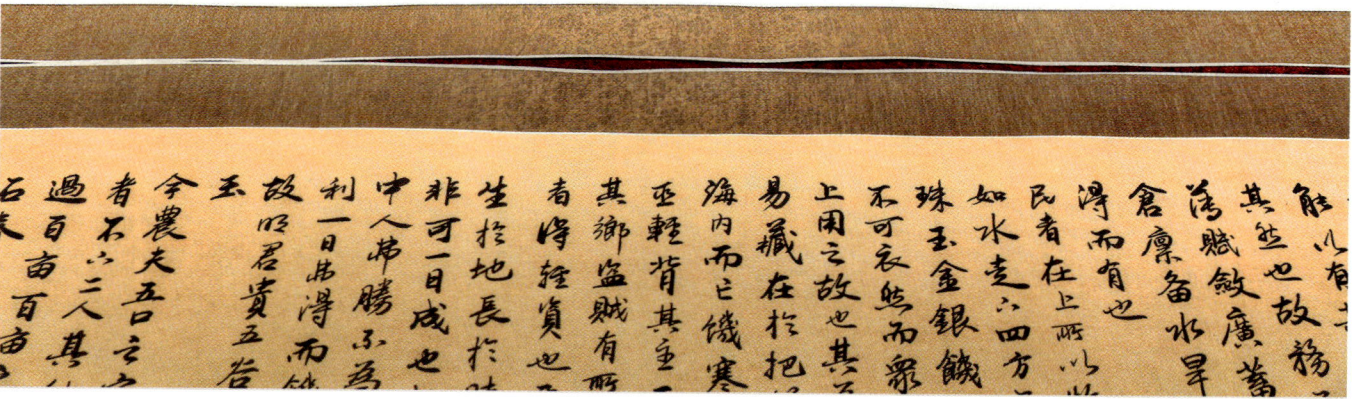

近二十年来，张栓锦采用各种书体，多种形式，创作书法作品的连接长度超过12千米。其中，书法长卷作品近300卷，其他作品数以万件。他精心设计，潜心创作了《唐诗三百首》《宋词三百首》《元曲三百首》《楚辞》《千家诗》"四大名著"诗词等古代诗、词、曲、赋；"四书""五经"；《黄帝内经》《山海经》《孟子》《庄子》《荀子》等近百部国学经典。仅《古文观止》一书，就历时半年，卷长达到600米。

2016 年 9 月 26 日，经世界纪录认证（WRCA）官方人员审核认定，张栓锦先生创作书法作品集，作品用楷、隶、行、草、篆多种字体书写，内容涉及广泛，着重体现中华传统文化精髓，并有多种样式：卷轴 350 套，长 1500 米；长卷，长 5000 米；册页 80 余本，长 1200 米；其他部分 3000 余幅，长约 4800 米，总长度已逾 12500 米，被认定为"世界最长的个人书法作品"。认证官亚历克斯和西梦娜为张栓锦先生颁发世界纪录认证证书。

世界最大的仰阿莎女神雕塑
Largest statue of the goddess "Yang'asha"

伍新凤

毕业于贵州大学艺术学院美术系。

天海规划创始人、天海美术馆创始人、
董事长、总经理；

首席策划、规划、设计师；

贵州民族大学建筑工程学院副教授

中国建筑学会科普工作委员会委员

中国建筑学会资深会员

中国建筑装饰协会学术委员会委员

贵州智库专家

贵州美术家协会理事

天海美术馆馆长

北京联合大学艺术学院客座教授

北京联合大学师范学院客座教授

贵阳学院美术系客座教授

  贵州天海规划设计有限公司在伍新凤的带领下，以"民族的现代化、现代的民族化"为设计理念，深度挖掘剑河县传统民族文化，发现了美神"仰阿莎"的存在，运用艺术的表现手法、精湛的技艺，将仰阿莎雕塑打造成世界上最大的苗族女神雕塑。这独一无二的殊荣，进一步丰富了仰阿莎文化内涵，也将扩大剑河县的知名度及影响力，对城市旅游发展、地方产业有着不可估量的推动作用，从而达到造福一方水土的最终目的。

  仰阿莎是流传于贵州省苗族聚居地清水江畔一个动人的传说。仰阿莎为苗语人名，意为"水边的小姑娘"，有冰清玉洁的含义，她是苗族人民心中的美神。本创作以水在大自然中的转换，水在与日、月、风、云发生的各种纠葛中，最终完成了其来自大地，回归大地的自然幻化。伍新凤以感天动地的爱情故事为创作灵感，设计出地标纪念性主题雕塑美神《仰阿莎》，以此表达对美的传播和歌颂自由美好的爱情，激发人们对美好生活的希望与憧憬。

　　《仰阿莎》主题雕塑坐落于中国贵州省剑河县清水江南岸，雕塑总高度 88 米，其中人物高 66 米，通体由不锈钢板锻造制作，基座建筑高 22 米，由 4 层圆形建筑及 8 组不锈钢浪花雕塑构成。2013 年进行创作设计，2017 年 5 月落地于剑河县。雕塑造型上采用写实手法，是结合建筑、功能、观景为一体的纪念性雕塑，雕塑底部圆形水池代表仰阿莎出生的水井，底座以浪花造型托起仰阿莎（此底座部分为博物馆），雕塑主体部分以仰阿莎身体微微前倾，一手轻抚胸前项圈，一手自然伸出迎接飞来歇息的蝴蝶，动作轻盈，飘飘欲仙，置之其下，仿佛时间在这一刻凝固，让人沉醉于仰阿莎的美无法自拔。

世界最大的仰阿莎女神雕塑
Largest statue of the goddess "Yang'asha"

整个雕塑设计彰显了当地特有的地域文化特色，把口耳相传的美好爱情传说故事进行资源转换，作为地方上标志建筑，既传承了美好的故事内容，又改变了地方的产业形象。

经世界纪录认证（WRCA）官方人员现场测量核实，位于中国贵州省剑河县的苗族女神"仰阿莎"雕塑，被确认为"世界最大的仰阿莎女神雕塑"，创下了最高的城市雕塑纪录。认证官大明为伍新凤颁发世界纪录认证证书。

世界纪录保持者
WORLD RECORD HOLDER

前世康囊卡者仁波切 1871 年修建的嘛尼佛堂在历史变迁中遭受了彻底的毁坏，仁波切此生在 1984 年又开始重建嘛尼佛堂，但因大梁为木质结构，未能承受房顶重量而坍塌。之后为满足信众的期望开始修建大型佛堂，其中镶有各种珍贵宝物的莲花生大师佛像，前后共计花费四千余万元。

2019 年 7 月 14 日，世界纪录现场认证仪式在称多县珍秦镇康囊寺莲花生大师铜像前举行。经世界纪录认证（WRCA）官方工作人员现场测量审核，该铜像高度为 31.6 米，宽度为 26 米，被认证为"世界最大莲花生大师铜像"。认证官潘淑娜为康囊寺寺主——旦布尼玛颁发世界纪录认证证书。

"世界最大莲花生大师铜像"既是一件佛教造像，更是一件见证中国民族宗教政策落实和民族团结的宝贵实物。

世界最大的书籍雕塑
World's largest book sculpture

　　贝伦适公司是一家集研发、设计、生产、销售于一体的母婴护理用品企业。公司于 2018 年成立，总部坐落于中国江西南昌国家级小蓝经济技术开发区，目前在江西靖安建有贝伦适健康产业园，占地面积 166 余亩。贝伦适靖安健康产业园立足于靖安的生态建设，打造"工业＋旅游"的运营模式，将企业文化和厂区的地理环境融合打造园区景点，结合靖安人文特色及传统景区之间进行有效的串联，融入本地旅游体系，与当地旅行社进行对接，将本地观光工厂纳入其旅游观光线路中，实现工业与生态的和谐互馈。

　　该书籍雕塑就是产业园区的特色景点之一，雕塑傍山而建，书籍呈展开状态，分左右两页，其中右页为起始页，印制着"梦想属于每一个人，广大劳动群众要敢想敢干、敢于追梦。说到底，实现中华民族伟大复兴的中国梦，要靠各行各业人们的辛勤劳动。生活在我们伟大祖国和伟大时代的中国人民，共同享有人生出彩的机会，共同享有梦想成真的机会，共同享有同祖国和时代一起成长与进步的机会。有梦想，有机会，有奋斗，一切美好的东西都能够创造出来"。

　　2020 年 1 月 12 日，位于中国江西省宜春市靖安县工业园贝伦适婴童产业园书籍雕塑，经世界纪录认证（WRCA）官方工作人员现场核实，该雕塑总长 37.6 米，高 12.6 米，中间厚度 2.26 米，两边厚度 0.76 米，被认定为"世界最大的书籍雕塑"。认证官亚历山大为相关负责人颁发世界纪录认证证书。

世界纪录认证
WORLD RECORD CERTIFICATION

世界最长的"五岳"主题中国画
World's longest "Five Great Mountains" themed Chinese painting

铺展开由中建安装华西公司 30 余名职工历时 3 月、挥墨执笔、共同创作完成的 300 米壮美中国画《五岳山水图》，楼高百丈、道长万里，一双巧手，座座"中国建造"震撼人心；纸寿千载、墨润万年，一张画纸，寥寥数笔丹青于白宣之上。一座座中建安装参建的地标建筑与雄浑壮美的五岳山水凝于笔墨，相互交融。五岳山水，浓缩着中华大美河山的人文精华；建筑精品，诠释着中建安装集团的企业品格。凝神细看，不难发现，画作中不仅有浓墨山水，还有五岳所属各地的卓越建筑。

为隆重庆祝中华人民共和国成立 70 周年，弘扬爱国主义精神，赞颂祖国大好河山，进一步展示央企职工风采，彰显央企文化自信，中建安装西北公司 30 多名职工利用业余时间，精心策划、周密组织，创作了 300 米《世界最长的"五岳"主题中国画》。

这幅"建"证新时代追梦足迹的百米长卷，承载着创作者对祖国母亲的深厚情感与礼赞、彰显了中建安装人的文化自信与家国情怀。这是一次彰显地域特色、传承文化底蕴、符合新时代要求，充分展现中建安装集团在地方发展、学习交流、文化自信的生动实践，将有力地推动国资国企企业文化活动蓬勃发展。

世界最长的"五岳"主题中国画
World's longest "Five Great Mountains" themed Chinese painting

　　览阅中建安装西北公司职工创作的《世界最长的"五岳"主题中国画》，山川溪水栩栩如生、奇峻巍峨、千峰竞秀，各具神韵。画作结构严谨，远观雄浑苍莽，近察细腻幽秀。该作品开篇展示了中建安装60余载的发展历程，安装人纵气势瀚于意境，用令行禁止的铁笔书写着建筑神韵。在创作过程中，职工们没有急于下笔，而是先对五岳历史、山水画文化背景、意境、章法、笔墨等几个方面进行了整体上的把握；其次，参考翻阅现当代优秀的山水作品，研究五岳各自特征，加以学习和练习，对用笔用墨技法进行不断揣摩。

　　这幅书画作品既是中建安装西北公司企业文化建设成就、职工精神风貌的一次充分展示，也是职工文化艺术创作水平的一次集中检阅。该长卷作品也成为中建安装西北公司为中华人民共和国成立70周年庆生的最好礼物。

世界最长的"五岳"主题中国画
World's longest "Five Great Mountains" themed Chinese painting

《五岳山水图书画》于 2019 年 5 月开笔，在经过中建安装西北公司职工实地考察、精心调研、搜集资料、集体研讨的基础上画出初稿。同年 8 月 5 日，西安市国资委党委书记、主任刘三民为长卷郑重落印，标志着书画长卷完成。该长卷作品开篇展示中建安装 60 余载的发展历程，创作中展示了中建安装集团在各地的经典工程，充分展示了新中国成立 70 年来在中国共产党的领导下企业发展取得的辉煌成就。

2019 年 9 月 9 日，世界纪录认证仪式在中国陕西省体育训练中心举行，中建安装西北公司党委委员、副总经理魏涛，上海兰迪律师事务所律师代表，参与长卷创作的职工等共计 50 余人参加。经世界纪录认证（WRCA）官方人员现场测量、核实后，由中建安装集团有限公司西北公司组织 30 名职工创作的"五岳山水图书画"，长 300 米、宽 1 米，该作品被确认为"世界最长的'五岳'主题中国画"。认证官潘淑娜为相关负责人颁发世界纪录认证证书。

世界最长的"五岳"主题中国画
World's longest "Five Great Mountains" themed Chinese painting

世界最长重彩中国画月季长卷
Longest heavy color Chinese painting scroll depicting the Rosa chinensis

王志强

　　王志强，字君马河，人称"月季王"，河南省南阳市西峡县人，国家一级美术师，南阳师范学院导师，青年时代在西安美院受到严格而专业系统的美学知识教育和训练，养成了他扎实的美术基本功和勤奋上进的精神。之后，他不断深入生活，认知大自然，感悟大自然，大胆创新，收集百家之长，使西洋绘画和中国画有机结合，浓墨重彩彰显月季风采，艳而不俗。

　　作品《高山流水》在全国当代书画作品展览中荣获"金牌奖"，作品被中央人民广播电台社教部收藏，编入《96当代翰墨作品精粹》和《跨世纪翰墨艺术家书画宝鉴》书中；作品《桥》荣获"孙膑杯"银奖，被中国历史博物馆收藏，绘画成果已载入《世界书画家经典》一书中，作品选入九五中国邮电台历并出版印刷发行；作品《儿行千里》在河南省巡回展出并获大奖；作品《暮秋》由中国画报出版社刊登在《中华翰墨名家作品博览》一书中；作品《乡间小路》《希望的山村》《微风山岗》《路遥遥》《山乡在变》《飘扬的红领巾》等都获得了同仁及广大爱好者的好评。

　　王志强画路宽广，尤其是中国画《重彩月季》独树一帜，综合中西画法而取法乎上，注重创新故能出手不凡，作品鲜活，文化底蕴十足。月季被尊称为"花中皇后"，四季常开，花色丰富，艳丽且芳香，茎叶上有刺，与玫瑰近似。

世界最长重彩中国画月季长卷
Longest heavy color Chinese painting scroll depicting the Rosa chinensis

　　《月季赋》为重彩中国画月季长卷，装裱后长132米，宽2.1米，记录了名贵月季130多种，同时在月季长卷中巧妙加入了南阳"五圣"文化，南阳生态景区，南阳特产，南阳中药材，南水北调渠首等南阳重大工程，这是花卉作品的一个创新和突破。此长卷的另一个特点是突破了花卉长卷构图的部分方法。

　　《月季赋》长卷还采取了音乐式曲调的起伏、延伸、急缓、沉默和高昂等表现手法，而且色彩明暗、构图聚散、花枝开合等都精心布设，穿插合情，藏露有致。使用长卷式绘画语言，展示南阳月季悠久历史和生态文化，为南阳推动月季经济发展具有重要现实意义。

世界最长重彩中国画月季长卷
Longest heavy color Chinese painting scroll depicting the Rosa chinensis

2019年5月，南阳市政府举办了南阳世界月季洲际大会，王志强创作的重彩中国画月季百米长卷《月季赋》在盛会上惊艳亮相，参观画展的人们络绎不绝，大家对眼前宏大的月季作品赞叹不已。

世界纪录保持者
WORLD RECORD HOLDER
WRCA

书画·雕塑类
世界最长重彩中国画月季长卷
Longest heavy color Chinese painting scroll depicting the Rosa chinensis

　　王志强百米月季长卷在创作过程中受到了杨炳群院长和班子成员的大力支持。经世界纪录认证（WRCA）官方核实，该作品画心长度为 107.97 米，宽度为 1.8 米，被确认为"世界最长重彩中国画月季长卷"。

最大面积的"清明上河图"竹雕
Largest "Along the River During the Qingming Festival" bamboo carving

彭广彬

彭广彬，字雅贤，号成竹，出生于 1968 年，祖籍广东兴宁，江西万载潭埠镇新田村人。万载文化名人，非物质文化传承人。早年就读于江西师大美术系，师从著名油画家陈松茂、书法家邱振中、美术评论家吴子南等大师，其作品多为官方媒体播报及国内外美术馆收藏。其技法既传承经典又打破传统，形成自己独特的刀法心得，是个极具文化艺术修养的雕刻大师。

彭广彬 1990 年大学毕业分配到印刷厂从事美术设计工作。两三个月后辞职，从事给人画像的职业。在一次偶然的机会中，他看见一个拇指大小的竹雕观音，古朴、流畅的线条使他深受启发，也正是这个小小的竹雕观音，使彭广彬从此与竹雕结缘。

彭广彬因地制宜，就地取材，玩起了竹雕，一玩就是二十余年。他每天除了外出找毛竹，挖竹根（彭广彬几乎每天都要上山去竹林里转悠，挖竹根、找毛竹，选取一些长相奇特的"龙竹"、方竹、异形毛竹，增加竹刻作品的趣味性），其余时间都蜗居在家中进行竹雕创作。

彭广彬作品欣赏

世界纪录保持者
WORLD RECORD HOLDER

最大面积的"清明上河图"竹雕
Largest "Along the River During the Qingming Festival" bamboo carving

　　为了"竹雕《清明上河图》"的创作，彭广彬每天工作 10 多个小时，最终用了 3 年差 28 天的时间将《清明上河图》毫不走样地雕刻在 48 片长 30 厘米，宽 10 厘米的竹片上，排列在一起总长度约 4.8 米，最终共计雕刻出 960 多个人物，车辆 60 多辆，房屋 100 多间，牲畜 96 头，船只 36 艘。

　　2017 年 9 月 27 日，世界纪录认证官大明来到中国江西万载县，仔细查看赵孟頫题跋的版本《清明上河图》，经世界纪录认证（WRCA）官方人员现场核实，被认定为世界最大面积的"清明上河图"竹雕。认证官大明为作者彭广彬颁发世界纪录认证证书。

李昱成

　　著名美术教育家，国家一级美术师、新疆旅游学院客座教授、新疆财经大学客座教授、新疆乌鲁木齐市 89 中学名誉校长、广东省美术家协会会员、深圳市美协会员、深圳市南山区美协会员、南山教育智库专家、前海港湾学校艺术教育顾问、星晨教育集团艺术总校长、深圳市昱成文化艺术教育发展有限公司董事长。其从事一线美术教育近四十年所取得的教学经验，研创了一套适合中小学的昱成融合美术教育体系，当前正在深圳一些学校逐步推行，培养成功了许多喜爱绘画艺术的优秀学生。

陈宗浩

　　陈宗浩，现年 75 岁，海南博鳌人。1980 年深圳经济特区正式建立后，他因工作调动来到深圳。1984 年，他被调入深圳南油集团工作。因为工作需要，南油集团专门给他配备了一台当时很珍贵的进口美能达相机，陈宗浩由此开始接触摄影，也由此开始用照相机记录起深圳南山的发展变化。

彭庆元

　　彭庆元，中国作家协会会员、中国散文诗学会理事、中国音乐著作权协会会员。长期从事文艺创作及文化行政管理工作。有《艺苑风景线》《天涯芳草》《行走的足音》《流浪的琴声》《凝固的诗情》《家园之恋》等 12 种散文、随笔、诗歌专集出版。歌曲(作词)《最美的人生》《托起朝阳》《永远的思念》《欢乐的社区欢乐的家》等分别由我国著名歌唱家演唱并由中央电视台拍摄成音乐电视。作品多次在全国及省市获奖。

深圳两幅画卷 2 项世界纪录
Two drawings take two world records in Shenzhen

　　艺术家用铅笔画的艺术形式，以他们丰厚的艺术底蕴，超人的毅力，饱含感情创作了宏大的史诗级长卷《春天的画卷》，记录了深圳 40 年的发展历程，向特区 40 周年献礼，这是非常难得的珍贵艺术作品，具有重要的历史价值。

深圳两幅画卷 2 项世界纪录
Two drawings take two world records in Shenzhen

　　陈宗浩先生今年 75 岁，是一位摄影爱好者，他一直希望将多年拍摄的深圳美景绘制成美丽画卷。两年前在他的要求和恳请下成了李昱成工作室年纪最长的学员。老师李昱成今年 62 岁，从小喜爱画画，现在是专业美术老师、南山区教育智库专家。需要说明的是，李昱成日常需借助轮椅行动，只能在拍照时短时间站立。

在两幅长卷的创作过程中，袁洪其、段钢、彭庆元、乐俊人、罗朝宣、陈宗浩等人都积极支持，提供了很多图片资料和建议，特别是著名作家彭庆元老师专为《深圳城市山水图》创作配置了 17 首诗歌作品。广东省文联副主席、深圳市文联党组书记、主席李瑞琦，深圳市博物馆崔孝松主任、南山区文联主席林群芳，南山区文化广电旅游体育局长周保民出席了世界纪录认证会，并对两幅长卷给予了高度评价。

WRCA 世界纪录保持者
WORLD RECORD HOLDER

2020 年 7 月 24 日下午世界纪录认证（WRCA）官方工作人员现场核实, 宣布认证结果:

《深圳城市山水图》长 136 米、宽 0.75 米, 陈宗浩和李昱成合作完成, 被确认为 "最长的城市主题素描长卷（团体）"。

《百年招商万里航程》长 216 米、宽 1.19 米, 系李昱成独立创作, 被确认为 "最长的中国近现代主题钢笔画"。

认证官亚历山大为作者颁发世界纪录认证证书。

深圳市文联主席李瑞琦、市博物馆崔孝松主任、区委宣传部副部长于涛、区文体局局长周保民、区文联主席林群芳、港湾学校罗朝宣校长、粤海街道办党委委员古明、南油社区党委书记周月党等人到场共同见证两项纪录的诞生。深圳市文联主席李瑞琦等高度评价和赞扬本次活动。李昱成等人的这两项纪录，让世界认识深圳 40 余年来的沧桑巨变。在这美好而令人激动的时刻，李昱成等荣获的这份殊荣就像是为深圳改革开放 40 周年送上的最美祝福。

自创最多姓氏图腾雕塑
Largest individually created clan totem sculpture collection

李廷贵

　　李廷贵，中国著名雕塑艺术家，中国城市雕塑建设研究院副院长，泉州华光再设计学院院长、教授，河源市雕塑院院长，深圳青花瓷博物馆馆长，中美文物协会青花瓷首席鉴定师、收藏家，第十二届爱心中国公益人物。1988年毕业于鲁迅美术学院，1993年调入深圳，一直从事艺术教育事业，他的一生宗旨在于完成"四个群"，被称为"四群之主"："华夏校园百幅壁画群""恐龙梦幻世界雕塑群""中国校园博物馆群"和"中华姓氏现代雕塑群"。

　　"中华姓氏现代雕塑群"在尊重远古的造字文化轨迹的同时，解密其中神秘的文化符号及祈福密码，运用穿越时空的思维方式，游息在传统文化博大广袤的世界中，以史前文字为雏形，摄取甲骨文、鸟虫文、篆文、金文为创作元素，注入新思想、新理念，将平躺的姓氏汉字通过现代雕塑语言站立起来，其形状不再用于文字的发音和含义了，这是一种氏族生态、生殖繁衍的象征，是一种纯粹的精神存在，演绎了远古与现代文化视角的交织与碰撞，演绎了古代与后现代思维方式融合与辉映，也演绎着"我是谁，我从哪里来，到哪里去"的终极寻找与思考。这是一个站立的符号，行走的符号，伟大的姓氏雕塑文化符号，屹立东方，走向世界。

自创最多姓氏图腾雕塑
Largest individually created clan totem sculpture collection

　　"中华姓氏现代雕塑群"由李廷贵教授十二年励精图治、潜心钻研创作而成，每个姓氏都拥有独立的知识产权，并荣获世界纪录认证（WRCA）所颁发的《自创最多姓氏图腾雕塑》世界纪录认证证书。同时得到了国家级"南洋华裔族群寻根谒祖综合服务平台"的高度认可，并纳入世界寻根展览。

自创最多姓氏图腾雕塑
Largest individually created clan totem sculpture collection

颁证活动当天，中国科学院遗传研究室原主任、《中华姓氏大辞典》主编袁义达先生、福建省中华文化学院研究室主任蔡干豪先生、福建省开闽姓氏文化研究院执行院长傅德露先生、泉州华光职业学院董事长吴其萃先生、教育部中国教育科学研究院终身学习研究中心卢彩晨博士以及中国城市雕塑研究院执行院长、雕塑文化专家马云亮等泰斗级人物也前来助力此次活动，一起为"中华姓氏现代雕塑群"荣获世界纪录这一盛大的殊荣庆贺。

自创最多姓氏图腾雕塑
Largest individually created clan totem sculpture collection

　　2018年11月3日上午，世界纪录认证（WRCA）认证官大明宣布李廷贵教授历时十多年所创作的"中华姓氏现代雕塑群"荣获"自创最多姓氏图腾雕塑"世界纪录，并现场向李廷贵教授颁发世界纪录认证证书。目前，"中华姓氏现代雕塑群"的姓氏雕塑作品数量已经达到了101件，这意味着"中华姓氏现代雕塑群"是世界上迄今为止姓氏雕塑设计数量最多的雕塑群。

蔡亮宏

蔡亮宏，1962年出生，湖南岳阳人。年少师从国画大师齐白石的嫡传弟子李立先生。蔡亮宏的篆刻作品和书画作品曾捐赠北京亚运会，玛瑙微雕在北京展出，并获亚运会组委会、北京人民大会堂颁发收藏证书；曾为党和国家领导人刻章，并获收藏证书；曾获西泠印社和国际篆刻比赛银奖、铜奖。1987年，蔡亮宏移居深圳，得四川微雕大师之指点，在微雕上再下苦功夫。

自2005年春夏之交始，蔡亮宏以人民文学出版社1964年版120回《红楼梦》为蓝本，先后费时6年整、共使用巴西产玛瑙513片（硬度在7.2度），用去自制刀片100多片，材质价达30余万元人民币，于2011年1月26日竣工，微刻字数达70余万字（《红楼梦》全书共110余万字，这套微刻则序言、注释等末刻），工艺精湛，差错率最少。

2017年6月18日，经世界纪录认证（WRCA）官方现场审核，蔡亮宏（中国湖南人）独立完成在硬度7度左右的巴西玛瑙上将古典名著《红楼梦》70余万字，刻在长11.5厘米，宽7.1厘米，厚度4厘米，共513片上。该作品被认定为硬质微雕字最多的作品，世界纪录认证驻华申报中心赵青太为蔡亮宏颁发世界纪录认证证书。

WRCA 世界纪录保持者
WORLD RECORD HOLDER

2020 年 7 月 22 日，由中国辽宁省大连市的孙延富设计建造的达摩龙龟铜像，长 4.2 米，宽 1.6 米，高 3.9 米，重 4058 千克，经世界纪录认证（WRCA）官方工作人员审核，该铜像被确认为"世界最大的达摩龙龟铜像"。

最大的紫玉弥勒佛
Biggest purple jade Maitreya carving

中国义乌市的赵永华所拥有的弥勒佛玉石雕像以巴基斯坦紫玉整体雕琢而成。玉雕高67厘米，宽157厘米，重达800千克，历时80天，于2010年雕刻完成。2017年4月4日，在义乌市佛堂古街区的梦石圆博物馆，经世界纪录认证（WRCA）官方审核，被确认为"世界最大的紫玉弥勒佛像"。认证官大明为赵永华夫妇颁发世界纪录认证证书。

中国义乌市的赵永华先生所拥有的玉石雕塑——《龙腾九州》，雕刻主题为"九龙戏珠"，以巴基斯坦玉整体雕琢而成。玉雕重8吨，长4.5米，高2.1米，宽0.57米，总体积5.39立方米，历时10个月，于2012年雕刻完成。2017年4月4日，在义乌市佛堂古街区的梦石圆博物馆，经世界纪录认证(WRCA)官方工作人员现场审核，《龙腾九州》被确认为"世界最大的'九龙戏珠'整体玉雕"。认证官大明现场为赵永华夫妇颁发世界纪录认证证书。

最大的铜梳雕塑
Largest sculpture of copper comb

　　江华瑶族自治县瑶都水街位于湖南省最大的移民新镇江华县水口镇，占地165亩。铜梳雕塑项目是江华县委县政府实施旅游升温战役、打胜移民安置战役的重点项目之一。该项目以风情水街方式贯穿江华水口新镇中心，并依托涔天河水库扩建后的美丽风光，以瑶族文化、瑶族风情为特色，着力打造"湘南闲情康养度假旅游胜地"、国家4A级景区。2018年4月30日，结发梳艺术雕塑揭幕仪式暨世界纪录认证仪式在瑶都水街主题广场隆重举行。这是一把盘王与三公主永世爱情的结发梳，现已成为一处标志性的建筑。

　　中国湖南省江华瑶族自治县瑶都水街旅游地产开发有限责任公司组织打造的"结发梳"艺术雕塑，长 11.5 米，宽 6.5 米，由铜梳、飘带组成。其中，铜梳由黄铜铸造，长 7.05 米，高 3.8 米，厚 0.87 米。2018 年 4 月 30 日，经世界纪录认证（WRCA）官方工作人员现场审核，被认定为"世界上最大的铜梳雕塑"。认证官大明为景区负责人颁发世界纪录认证证书。

最大规模的《格萨尔王传》手抄本
Largest collection of manuscripts of King Gesar

　　《格萨尔》史诗被称为"东方的荷马史诗"，长期以来以口耳相传的形式广泛流传于中国西藏、青海、内蒙古等地。玉树文旅组织30多名书法家共同抄写《格萨尔王传》，字体全部为藏文，合计57部，627万字。历时3年多完成。

　　《格萨尔》凝聚着藏族人民的聪明才智和创造力，是极为宝贵的精神财富。2020年8月8日，世界纪录认证仪式在玉树举行。

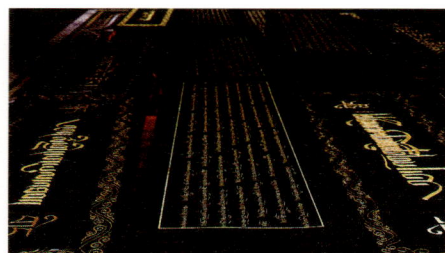

最大规模的《格萨尔王传》手抄本
Largest collection of manuscripts of King Gesar

　　活动当天，国家社科院格萨尔工作领导小组办公室主任、博士生导师诺布旺丹，青海省文联副主席、省作家协会主席梅卓，玉树州委书记吴德军出席世界纪录认证仪式并讲话。州委常委、州政府副州长任永禄主持仪式。州人大常委会副主任欧要才仁，州政协副主席马生堂、西南民族大学教授、玉树格萨尔项目顾问专家泽仁吉美，色达县政府相关负责人、格萨尔知名画师、格学专家、格萨尔说唱艺人和圆光艺人以及玉树州直相关单位干部和群众等共同见证了这一激动人心的时刻。

　　由中国玉树文旅组织的 30 多名书法家共同抄写的《格萨尔王传》，合计 57 部，共 627 万字。2020 年 8 月 8 日，经世界纪录认证（WRCA）官方工作人员现场审核，被确认为"最大规模的《格萨尔王传》手抄本"。认证官安永胜为负责人颁发世界纪录认证证书。

世界最长的十字绣"清明上河图"
Longest "Along the River During the Qingming Festival" cross-stitched embroidery

邓均芬（贵州·铜仁）自2011年2月至2016年5月绣制长33米，宽1.5米《清明上河图》全景十字绣，包括人物1790余人，船只29艘，桥17座，树木770余棵，房屋214余座，牲畜105匹等，经世界纪录认证（WRCA）官方核实，被认定为世界最长的十字绣"清明上河图"。2017年初，江口县县长扬云在县政府召开的庆功大会上为邓均芬颁发世界纪录认证证书。

《生命与文明》是由匡仙鹏先生（湖南·株洲）历时 14 年创作的一幅巨型钢笔画长卷。作品使用 450 张规格为 1.1 米长、0.8 米宽的金黄色特种纸绘制的，总共 247.5 米长、1.6 米宽，总面积为 396 平方米。2016 年 9 月 26 日，经世界纪录认证（WRCA）官方工作人员审核，该作品被认定为"世界最大面积历史神话钢笔画长卷"。中国央视、各个卫视、广播电台、报刊接连宣传报道，央视评价匡仙鹏极具绘画天赋，并誉其为"杰出文化传承人"。

最多"佛"字书法长卷
Calligraphy scroll with the most characters of "Buddha"

2018 年 12 月 31 日晚，在中国广东四会六祖寺广场，百米万佛书法长卷伴随着新年钟声，缓缓展开。

由林小剑先生策划、王江林先生书写的万佛长卷，长 100 米，宽 1 米，共 10800 个"佛"字。经世界纪录认证（WRCA）官方审核，该作品被确认为世界上最多"佛"字书法长卷。

本书法长卷经过了两年多的筹备及从一千到一万多个不同佛字的书写、装裱完成；并在中国广东四会市六祖寺广场展示挑战世界纪录完成后，应邀于 2019 年初在（汕尾）深汕经济合作区的云台禅寺首次展出。

世界最大的海洋保护主题儿童绘画
Largest ocean conservation painting by children

2020 年 6 月 6 日，在世界海洋日来临之际，融创链接每个期冀美好的孩子，启动 2020 融创小鱼儿社群海洋守护计划，以"小鱼儿"之名，将童心汇成一艘守护海洋的"诺亚方舟"，让希望与爱在此链接共振，推动海洋保护行为，守护海洋生态。

经世界纪录认证（WRCA）工作人员现场审核，小鱼儿们创作的这幅海洋保护主题绘画，总面积达 300 平方米，被确认为迄今为止"世界最大的海洋保护主题儿童绘画作品"。每位参与挑战世界纪录的小鱼儿都获得了官方认证的世界纪录证书。这是小鱼儿社群在公益之路上迈出的重要一步，小鱼儿们将心目中理想海洋的样子呈于纸上，用童心助力公益！这不仅是一次欢乐的体验，更是荣誉感和责任感的收获。

非遗·文化类

Intangible Cultural Heritage · Culture

展现在我们眼前的这部被评为世界之最的金书，是以十几道工序制作，纸质柔软坚韧，虫子不蛀，千年不腐，经植物加染后的藏纸为基，由四位匠人按古法磨制金汁，用藏文书法艺术誊写，呈现中国人民智慧之语的神圣之书，由于金汁为墨，更加衬托出金字的辉煌，历久弥新，鲜活如初。

  本金书呈现的内容是中国明朝时期宗喀巴大师于公元 1404 年，在热振寺狮子岩下著作的《菩提道次第广论》和公元 1406 年再著的《密宗道次第广论》二卷合一。两论虽距今已有六百多年，然文中所诠，并不会因为时代久远而无意义。

　　2019 年，经世界纪录认证（WRCA）工作人员现场审核，这部金书被认定为"世界最大的金书"。认证官潘淑娜为更登却智上师颁发世界纪录证书。如今这部无与伦比的金书被迎请到青海省同仁县浪加寺珍存。

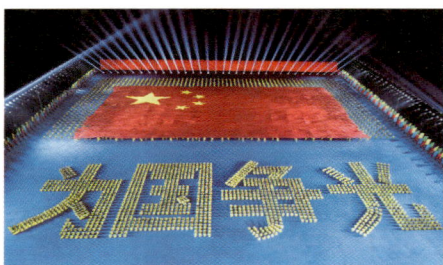

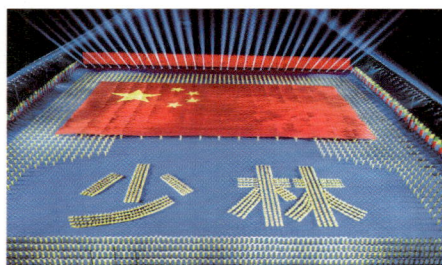

郑州少林塔沟教育集团位于河南省登封市。该集团始终坚持"文武并重，德技双馨，传少林真功，育全新人才"的办学宗旨，高度重视学生的全面发展。迄今，集团共参加国内外重大武术比赛960多场次，共获得奖牌16555枚，其中金牌7640枚；获得奥运、世界和国际级冠军898人次；获得全国冠军1494人次，在全国性大型武术赛事中获得53次团体冠军。

为了更好地弘扬和传播少林武术，集团武术艺术表演团应邀到世界80多个国家和地区进行武术教学和表演。2003—2020年十七次参加中央电视台春节联欢晚会并五次获奖，学员先后参加了雅典奥运会、上海特奥会、北京奥运会和残奥会、广州亚运会、南京青奥会、G20杭州峰会、国庆70周年群众游行等重要活动的开闭幕式演出，得到了党和国家领导人及著名导演张艺谋、陈维亚、张继钢的高度评价。

　　2019 年央视春晚，带给观众的《少林魂》这个节目，"聚似一团火，散似满天星"，让人们感到震撼。《少林魂》节目在音乐伴奏下，整齐划一、气势磅礴的万人功夫表演不断变换成人塔、少林拳、八卦阵等造型，数千名演员动如潮水、静如磐石，巧妙地组成了"春""福""少林"等字，6000 多平方米的五星红旗定格亮相，国人为之自豪。

　　在中央广播电视总台 2019 年春节联欢晚会中，由河南少林塔沟武校 2 万名学员组成的表演团队表演了大型武术节目《少林魂》。经世界纪录认证（WRCA）官方审核，该节目成功创造了"最大规模的武术节目表演"世界纪录。

世界最大规模的开笔礼（多场地）
World's largest first writing ceremony (multiple venues)

2019年8月6日，厦门字强不息文化传播有限公司旗下创新汉字书写教育品牌"最美中国字"发起的世界纪录认证（WRCA）官方挑战，以"文化传承·敬字为先"为主题，以中国厦门为主会场、其他77个城市地区设立分会场，举办挑战世界纪录"全球开笔礼"仪式。

"开笔礼"是我国古代就有的一种启蒙学习仪式，也是人生始立的第一大礼，自古以来便备受读书人的重视。此次"全球开笔礼"活动意在呼吁学校、培训机构、家长弘扬中华传统文化，重视教育。倡导每个孩子都应该写一手好字。

世界最大规模的开笔礼（多场地）
World's largest first writing ceremony (multiple venues)

正衣冠

孩子们跟着老师整理自己的着装，戴好冠巾、整理衣领、掸直衣袖、检查腰带，这意味着孩子们从此学做一个干净、整洁的人。

敬拜孔子

古时人生的首次大礼，在开学的第一天，学童要早早起床来到学堂，参拜孔子像。现场的孩子们一个个低头弯腰，向孔子圣人鞠躬行礼，表达敬仰。

朱砂启智

由老师用红色的朱砂在孩子们的额头正中间点上红痣，称为点"聪明"。红痣的"痣"通智慧的"智"，用点红痣来寓意孩子们能够开启智慧，从此耳聪目明、心灵手巧。

世界最大规模的开笔礼（多场地）
World's largest first writing ceremony (multiple venues)

击鼓鸣志

鸣鼓的"鸣"通明确的"明"，"鸣志"即"明志"，击鼓的声音越响，声音传得越远，说明志向就越远大。

启蒙描红

写字识字是学习文化的第一步，在孩子学习的启蒙阶段，学会做人最为重要。孩子们一撇一捺在纸上写下一个方方正正的"人"字，立志"写最美中国字，做最美中国人"。

诵读经典

"弟子规，圣人训，首孝悌，次谨信，泛爱众，而亲仁，有余力，则学文……"全体师生齐诵《弟子规》，声情并茂，展示了对中华优秀传统文化的传承与理解，在场的人无不真切感受到了中华民族传统文化的魅力。一张张稚嫩的脸庞，一个个清澈的声音，一句句令人深思的话语，让人潜心其中，感受先贤的智慧。

感恩谢礼

家风传父祖，骏马不劳鞭。最后一个环节，孩子们向老师鞠躬，例行《弟子规》学做知恩、感恩、报恩的人。同时，还面向父母三鞠躬，感谢父母养育之情。

世界纪录保持者
WORLD RECORD HOLDER

　　孩子们在这场开笔礼仪程之中，感受中华民族尊师孝亲、崇德立志、勤奋学习的优秀文化精神，在遵古训、学新知中成为世界纪录的创造者，将中华传统文化传播到世界各地。

　　全程 3 个小时，这场全球规模最大的开笔礼最终联动 23616 名幼升小新生成功挑战世界纪录，现场获得世界纪录认证（WRCA）认证官大明确认并向字强不息创始人陈俊清颁发世界纪录认证证书。

　　《梨园春》是以豫剧为主、汇集全国各地不同戏曲剧种，以戏迷擂台赛方式呈现的一档戏曲综艺旗舰栏目，于1994年在河南卫视推出，是中国生命力最强的电视节目之一，是目前国内唯一一档二十六年持续在卫视黄金档播出的电视综艺栏目。《梨园春》连年获得全国电视优秀栏目"星光奖""金鹰奖"，首届全国电视戏曲"兰花奖"特别贡献奖等，30余次荣获国际级奖项。

　　二十六年来，《梨园春》紧跟时代发展，勇于探索，不断突破，开创了中国电视戏曲的新局面，引领了中国电视戏曲的新发展，摸索出了一条现代电视手段和传统戏曲有机结合的道路。1999年5月，《梨园春》栏目首次改版，创造性地设置了戏迷擂台赛，是全国最早的平民选秀平台，充分调动戏迷观众参与节目的积极性。2018年6月26日，《梨园春》迎来第1000期的节目。

持续播出时间最长的中国电视戏曲节目
The world's longest continuously broadcasted Chinese opera

2018 年 6 月 13 日晚，在河南广播电视台演播大厅，《梨园春》栏目迎来 1000 期节目的彩排。当《梨园春》栏目总制片人庞晓戈从世界纪录认证（WRCA）官方人员手中接过证书时，世界持续播出时间最长的中国电视戏曲节目诞生了。

河南人的戏曲梦想从来没有止步在 1500 平方米的舞台。二十六年来，《梨园春》立足河南，走向全国，面向世界，为推广中国戏曲、促进中外文化交流，先后走进澳大利亚、委内瑞拉、巴西、英国和俄罗斯等国家，宣传、推广了中国的戏曲，使中国戏曲惊艳了世界舞台。

最多人同时织布
Most people weaving simultaneously

　　成立于 2008 年的沙河市鑫海塬纯棉织品有限公司，位于享有"全国经济文化名镇""河北书法之乡"荣誉称号的沙河市白塔镇塔子峪村，主要从事"沙河四匹缯"的研究恢复及传统手织布、手工布鞋、手工民间艺术品的生产、加工和销售。2012 年该公司被授予"3·15 质量安全消费者满意联盟诚信单位"、"优秀农村妇女专业经济合作组织"、"邢台市文明单位"、"沙河市文明单位"和"沙河市手织布龙头企业"；2013 年 2 月公司总经理段晚林被市政府授予"沙河市道德模范人物"。

2018年9月12日，在中国河北省沙河市文化广播电视新闻出版体育局、沙河市鑫海塬纯棉织品有限公司联合举办的"沙河四匹缯布制作技艺展示"活动中，现场同时织布人数801人，经世界纪录认证(WRCA)官方人员现场审核，该活动被确认为"最多人同时织布"世界纪录。认证官亚历山大为鑫海塬总经理段晚林颁发世界纪录认证证书。

世界最大的银绘唐卡
The biggest silver painted thangka in the world

银唐卡为典型的拉卜楞画风唐卡，是由拉卜楞寺今年94岁的第四世柔扎活佛于2000年独创，是从钦泽画派下传承独具特色的新画风唐卡。柔扎大师既是拉卜楞寺的高僧活佛，也是拉卜楞寺德高望重的绘画大师。大师通过70多年的研习，兼收并蓄，博采众长，通过对拉卜楞寺三百多年的壁画进行研究，创立了新的、独具艺术风格的、独一无二的"拉卜楞画风"，该画风绘制笔法细腻，线条勾勒精细，色彩浓艳，表现了一种华丽而不失庄重的风格。

2017年9月20日下午，第二届丝绸之路（敦煌）国际文化博览会，夏河县白噶尔文化传承创新博览园有限公司绘制的世界最大的银唐卡创世界纪录认证发布会在敦煌文博园举行。州委书记俞成辉、省委网信办、省文化厅相关负责人以及中国驻肯尼亚文化参赞等出席发布会。

《香巴拉王国》唐卡，高 2.3 米，长 3.6 米，图中勾画了 96 个王城、500 多个人物。经世界纪录认证（WRCA）官方审核，《香巴拉王国》唐卡被确认为"世界最大的银绘唐卡"。认证官潘淑娜为其颁发世界纪录认证证书。

世界最大的唢呐
The biggest suona horn in the world

　　"金桥民间吹打"原名"青山吹打"，源于宋元，盛于明清，距今700多年，代表曲派"马风派"。1957年，金桥民间吹打表演队在重庆市农村文艺调演中，自创、自奏的吹打乐《闹春耕》荣获一等奖。1985年的民间器乐集成中，300多首曲目编入《中国民族民间器乐集成》，存入国家艺术宝库。1999年金桥吹打被重庆市评为"巴渝十大民间艺术"。2006年被选入首批国家非物质文化遗产保护名录。2008年10月金桥镇被国务院命名为"中国民间文化艺术之乡"。

　　"青山莽"唢呐的制作工艺繁琐，就地取材，大量采用万盛本土盛产的原材料。首先选用了当地一种竹节特别长的"牛尾"编制成喇叭口，之后用红豆木材料制成发音管，黄铜制成吹嘴，野麦芊制成发音麦哨，再把牛骨削平磨制成圆形堵气盘，用石膏填实牛尾喇叭口缝隙。为了保证唢呐的完整、美观和发音效果以及经久耐用，唢呐制作完成后，最后需要在竹、木、麻部分上生漆。

　　"青山莽"唢呐是金桥吹打中一件配置乐器，现陈列在万盛博物馆"文化溢彩、泽润古今"展厅，长4.5米，喇叭口直径有1.8米，演出吹奏时需4个人辅助，两个人抬，两个人按孔，一个人吹奏。2017年12月22日，经世界纪录认证（WRCA）官方审核，"青山莽"唢呐被认定为"世界最大的唢呐"。

世界最大的唐卡
The biggest thangka in the world

2003年，洛钡法王聘请了著名佛工艺设计师普布着么女士和八位唐卡制作技术人员，决定为玉树人民做一个释迦牟尼佛堆绣大唐卡。2010年4月14日，玉树发生重大地震，导致唐卡停工3年。2015年，大唐卡全部制作完成。

因为唐卡太大，近距离无法看出制作后的效果，后来运到囊谦县，由300多个人一步一步搬到山顶进行晒佛。大唐卡在长达9年的制作过程中经历了无数次的返工和曲折，但是在所有工作人员的努力和坚持下，为玉树人民完成了一座大佛唐卡。

2017 年 7 月 19 日，经世界纪录认证（WRCA）官方工作人员现场测量核实，由中国玉树州觉巴吉天公布诞生圣地文化旅游传播有限公司出资制作的巨幅《释迦牟尼佛堆绣大唐卡》长 123 米、宽 87 米，总面积 10701 平方米，被确认为"世界最大的唐卡"。认证官潘淑娜为相关负责人颁发世界纪录认证证书。

最大规模的藏语祝酒歌大合唱
Largest Tibetan toast song choir

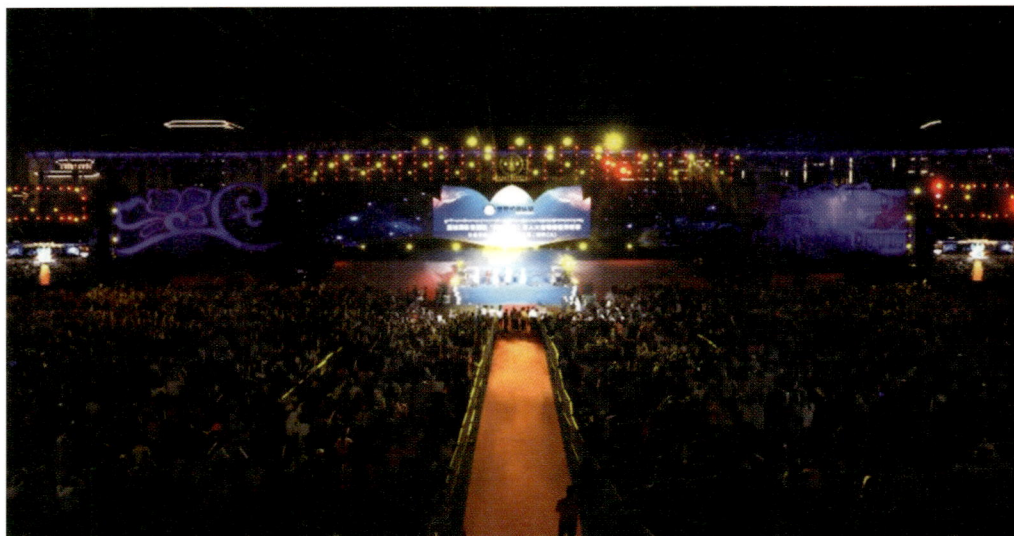

最大规模的藏语祝酒歌大合唱
Largest Tibetan toast song choir

　　2019 年 8 月 1 日晚，马尔康第二届嘉绒"阿拉羌色"原创音乐季开幕式激情开唱！现场近万名藏、羌、回、汉等少数民族群众共同唱响嘉绒民歌敬酒歌"阿拉羌色"，创造了演唱该歌人数最多的世界纪录！此次活动以人们喜闻乐见的音乐季形式充分演绎嘉绒藏区文化特别是嘉绒音乐文化的独特魅力。

最大规模的藏语祝酒歌大合唱
Largest Tibetan toast song choir

    嘉绒藏区，只要有尊贵的客人来，就一定要献哈达、唱敬酒歌。"阿拉羌色"藏语意为"请你喝下一杯甘醇的美酒"，是嘉绒地区的传统敬酒民歌。

最大规模的藏语祝酒歌大合唱
Largest Tibetan toast song choir

世界纪录保持者
WORLD RECORD HOLDER

2019 年 8 月 1 日晚，由四川省马尔康市政府主办的第二届嘉绒"阿拉羌色"原创音乐季惠民演出活动在马尔康市举办，现场共有 11713 人共同合唱藏语祝酒歌《阿拉羌色》。经世界纪录认证 (WRCA) 官方工作人员现场审核，该活动成功创造了"最大规模的藏语祝酒歌大合唱"。认证官亚历山大向马尔康市委副书记、马尔康市长窦孝解颁发世界纪录认证证书。

  青海省玉树藏族自治州囊谦县白扎乡吉沙村的唐卡尕玛尕智画派青海省第四批省级传承人——才文尼玛，于 2018 年 7 月，在一粒青稞上以噶玛嘎智画派手法，绘制完成一幅释迦牟尼佛像作品。经世界纪录认证官方工作人员现场审核，该作品被确认为"世界最小的青稞彩绘佛像"。

  青海省玉树藏族自治州囊谦县白扎乡吉沙村的唐卡尕玛尕智画派青海省第四批省级传承人——吾杰，于 2018 年 7 月雕刻完成一块六字箴言玛尼石作品。经世界纪录认证官方工作人员现场审核，该作品被确认为"世界最小的玛尼石刻"。

世界纪录保持者
WORLD RECORD HOLDER

WRCA
WORLD
RECORD CERTIFICATION

非遗·文化类
青海省玉树州2项世界纪录
2 world records took place in Yushu, Qinghai Province

唐卡

在世界纪录认证仪式上,认证官布鲁娜分别为才文尼玛和吾杰颁发世界纪录认证证书。

　　芒康弦子舞作为藏东三大舞蹈之一，历史悠久、影响深远，具有典型的藏东文化特色。它是聪明的芒康人民在与其他民族和周边地区人们的交往中，不断地吸收其他地区、民族的文化，不断地增色滋补，不断地发展创新，又以生活为题，人人创作，人人唱跳，人人加工，不断丰富和发展起来的独具民族特色、地域特色的文化艺术，是藏民族文化艺术历史长河中的珍宝，被誉为"茶马古道"上的"古道神韵"。2006年，芒康弦子舞被列入首批国家级非物质文化遗产名录。

2020年8月7日，在中国昌都市芒康县吉荣布草原上首届全区弦子舞展演中，由西藏自治区芒康县人民政府举办的挑战现场活动中，3000名挑战者共同完成了芒康弦子舞教学表演。经世界纪录认证（WRCA）官方人员现场审核，该活动被确定为"最大的弦子舞教学课堂"世界纪录。中方代表刘一哲现场为芒康县长颁发世界纪录认证证书。

最大的珊瑚堆绣唐卡
Largest coral embroidered thangka

　　堆绣是我国古代流传至今的一种民间手工艺艺术品种，起源于唐代，发展于清代，包括刺绣和剪堆，是用绸缎制作的一种唐卡。其具体制作方法是用各色棉布、绸、缎剪成所设计的各种图案形状，精心堆贴成一个完整的画面，然后用彩线绣制而成。四川甘孜州德格县的伍金多吉是噶玛嘎孜画派非遗传承人，他以创作独树一帜的"堆绣唐卡"而远近闻名。

　　成都雪域唐卡文化传播有限公司九位堆绣传承人（伍金多吉、四朗泽翁、扎西巴登、桑登、四郎曲珍、扎西巴芏、四朗拥措、降拥拉姆、白庆拉姆）历时两年共同创作完成了一幅珊瑚堆绣唐卡作品。该作品长 7.1 米，宽 5.68 米。2020 年 8 月 28 日，经世界纪录认证（WRCA）官方人员现场审核，该作品被确定为"最大的珊瑚堆绣唐卡"。认证官亚历山大为伍金多吉颁发世界纪录认证证书。

世界纪录保持者
WORLD RECORD HOLDER
WRCA

非遗·文化类
世界最长的苗绣
The longest Miao Embroidery

2010 年，向秀平行走在苗山村寨寻访苗绣老人、诵唱歌师、绘画师、编织艺人、银器工匠等苗族文化传承人，留下了三十多万字的采访记录，得到了大量珍贵的第一手资料，为《苗族古歌》苗绣长卷的创作奠定了坚实的基础。她带领 48 名绣娘，先后耗用精丝细线 160 余斤，历时 2 年零 8 个月，历经 21900 个工作日，共刺绣 73584 万针，于 2013 年完成了《苗族古歌》苗绣巨幅长卷。

2018 年 9 月 8 日，经世界纪录认证（WRCA）官方工作人员现场审核，《苗族古歌史诗绣卷》全长 148 米，宽 1.13 米，被确认为" 世界最长的苗绣 "。认证官大明现场为作品作者凤凰县苗绣传承人向秀平颁发世界纪录认证证书。丰厚的历史文化内涵，民族特色、工艺特色浓厚的苗绣与湘绣结合，艺术地再现了苗族人民的史诗画卷，具有很高的艺术审美价值。

生活·健康类

Life · Health

最多菜品种类的全蟹宴
Most Varied Crab Dish Feast

2018 年 11 月 10 日—11 日，中国湖北省洪湖市举办"第五届洪湖清水螃蟹节"。

在第五届洪湖清水螃蟹节现场，作为本次螃蟹节的亮点，"洪湖清水百蟹宴世界纪录挑战"备受关注。湖北新东方烹饪学校的 4 名大师联合其他 40 名专业厨师共同烹制"满蟹全席"。

　　茄汁煮蟹、铁板蒜香焗蟹、避风塘炒蟹、蛋黄炸蟹、风味烤蟹、冬瓜蒸蟹粉……厨师们精选一批"洪湖清水"蟹，历经近 6 个小时、用近 70 种烹饪办法，现场展现 120 余道包含中式、西式、韩式、日式、泰式菜的全蟹宴。

　　经世界纪录认证（WRCA）官方现场审核，本次洪湖全蟹宴以 123 道螃蟹菜的成绩，超越了 2015 年南京高淳 108 道螃蟹菜，刷新了"菜品种类最多的全蟹宴"的世界纪录。认证官大明为相关负责人颁发世界纪录认证证书。

收藏贵州茅台酒品种最多
Largest collection of Kweichow Moutai liquors in variety

南源酒庄（福建）股份有限公司位于福建省漳州高新技术产业开发区，主要从事中高端酒类销售。

经过二十年的发展，该公司已经取得了包括贵州茅台酒、钓鱼台酒、国台酒等多个知名酒类品牌的全国、福建省区或漳州地区代理权。

收藏贵州茅台酒品种最多
Largest collection of Kweichow Moutai liquors in variety

该公司致力于酒文化的研究与传播，收藏展示大量名优特酒，设有多个展馆，馆里展示的酒总品种超过 18000 种，藏酒价值超过 3 亿元；是漳州市国酒茅台（闽南）文化研究会和漳州市酒文化协会的发起人和实际运营单位。通过收藏的大量名酒实物、酒具、文字资料等对中外名酒文化进行全方位的展览展示，融知识性、趣味性、学术性于一体，深受广大酒文化爱好者的支持与喜爱。

收藏贵州茅台酒品种最多
Largest collection of Kweichow Moutai liquors in variety

  2019年4月8日，世界纪录认证（WRCA）英国总部指派认证官大明与大中华区工作人员一起对南源酒庄（福建）股份有限公司贵州茅台酒藏品进行实地核实，专家鉴定全是真品，最终确认南源酒庄（福建）股份有限公司收藏有932种贵州茅台酒，共计1417瓶。

2019 年 7 月 26 日晚上，钓鱼台礼宾酒珍藏级新品发布鉴赏晚宴暨南源酒庄获得"收藏贵州茅台酒品种最多"世界纪录颁证仪式在中国福建省漳州市佰翔圆山酒店盛大举行，来自全国各地的酒类收藏爱好者和经销商代表 240 余人共同见证这一历史时刻。

中国南源酒庄（福建）股份有限公司收藏了 932 种贵州茅台酒，共 1417 瓶。经世界纪录认证（WRCA）官方工作人员现场审核，该公司成功创造了"收藏贵州茅台酒品种最多"世界纪录。认证官大明为其负责人颁发世界纪录认证证书。中国收藏家协会副秘书长、中国收藏家协会烟酒茶艺收藏委员会会长王邦华亲自到场表示祝贺。

冬至节鸡汤销售量最多的餐饮品牌
The most sold chicken soup on the Winter Solstice

　　2003 年，老乡鸡第一家快餐店肥西老母鸡在合肥开业；2012 年，品牌升级为老乡鸡；2016 年老乡鸡入驻南京、武汉；2019 年老乡鸡入驻徐州、上海；同年老乡鸡在南京和武汉的直营店均突破 100 家，全国直营店突破 800 家。

2017 年 12 月 22 日，餐饮品牌老乡鸡以鸡汤总售卖量，成功挑战冬至节销售鸡汤最多餐饮品牌世界纪录。本次挑战具体通过线上半价销售鸡汤券的形式进行，覆盖老乡鸡旗下 460 余家直营专卖店。整个活动为期三天，截至冬至日当天，前往直营店以券购买鸡汤的数量突破 12 万份。当天，认证官潘淑娜为老乡鸡负责人颁发世界纪录证书。

两小时内免费用餐人数最多的中式快餐品牌
Chinese fast food brand with the most free meals eaten in 2 hours

2019年10月，中国烹饪协会发布"2018年度中国快餐70强榜单"，在全国拥有800家直营店的老乡鸡成功登榜。

2019年10月16日，老乡鸡全国战略发布会在上海举行，公布了10月19日上午11时至下午1时，宴请全国的共庆活动，全国800多家门店免费吃，引发全民关注热潮。2019年10月19日，老乡鸡宴请全国活动如约正式开启。

两小时内免费用餐人数最多的中式快餐品牌

Chinese fast food brand with the most free meals eaten in 2 hours

安徽老乡鸡餐饮有限公司于 2019 年 10 月 19 日 11—13 时，举办的"老乡鸡荣登中式快餐全国榜首，宴请全国"活动中，安徽、江苏、上海老乡鸡门店参与活动。在 2 小时内免费派送午餐 339347 份，经世界纪录认证（WRCA）官方工作人员现场审核，该活动被确认为"两小时内免费用餐人数最多的中式快餐品牌"世界纪录。认证官大明为老乡鸡负责人颁发世界纪录认证证书。

世界最大的心形飞行路线
The world's largest heart-shaped flight route

　　由三亚市天涯海角旅游发展有限公司，广州飞霖文化传播有限公司、广州联纵睿达文化传播有限公司共同组织历经1个月时间，20对爱情大使接力飞行20个城市（共同挑战世界纪录，共绘中国心）活动，得到5000多万的点赞和关注，收到超过2000000的爱心祝福。

经世界纪录认证(WRCA)官方核实，"挑战世界纪录，共绘中国心"活动历时一个月，20位爱情大使共同完成中国版图上最大的爱情飞行活动。2016第二十届中国三亚天涯海角国际婚庆节上，世界纪录认证驻华申报中心主任赵青太现场宣布"世界最大的心形飞行路线"挑战成功，并为婚庆节主办方颁发世界纪录认证证书。

连续7年电子商务成人纸尿裤类目销售额最多
The largest sales volume of e-commerce trade in adult diaper products for consecutive seven years

WRCA 世界纪录保持者
WORLD RECORD CERTIFICATION | WORLD RECORD HOLDER

　　杭州可靠护理用品股份有限公司(以下简称"可靠")是一家集老年人护理产品科研、制造和贸易为一体的高新技术企业，是国家标准 GB/T 28004-2011 纸尿裤(片、垫)起草单位之一，是团体标准 T/NAHIEM002-2017 医护级成人纸尿裤(片、垫)起草单位之一，是国内首批获得医护级产品标准示范企业，是浙江省技术创新协会副会长单位。

连续7年电子商务成人纸尿裤类目销售额最多
The largest sales volume of e-commerce trade in adult diaper products for consecutive seven years

据行业"情报通"权威数据表明，可靠创造的"成人纸尿裤电商销售连续七年世界第一（2013年—2019年）"，经世界纪录认证（WRCA）官方核实，被认定为"连续7年电子商务成人纸尿裤类目销售额最多"世界纪录。世界纪录认证官大明为其颁发证书。

WRCA 世界纪录保持者

WORLD RECORD HOLDER

　　富安娜 2018 年全年于线上云集平台累计销售羊毛被的数量为 525994 床。经世界纪录认证（WRCA）官方审核，该公司成功创造了" 一年内羊毛被销量最多 "世界纪录。认证官亚历山大为富安娜电商运营总监刘刚强和云集首席创新官冯继东颁发世界纪录认证证书。

最高效持久的甲醛分解技术
Most efficient and durable decomposition technique for formaldehyde

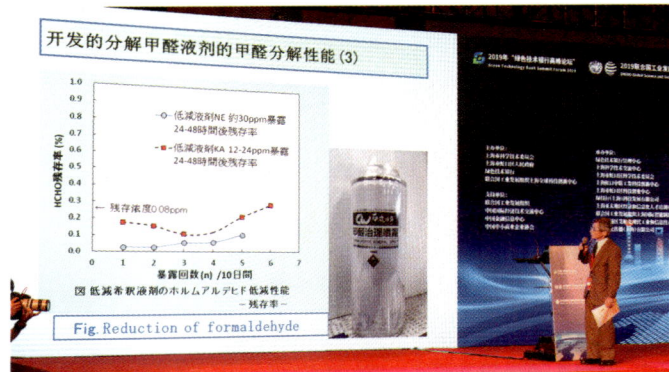

开发的分解甲醛液剂的甲醛分解性能（3）

Fig. Reduction of formaldehyde

　　2018年2月6日—4月1日和2018年8月30日—2018年11月3日，国家建筑工程材料质量监督检验中心对日本石丸章先生团队研发出的甲醛治理喷雾和甲醛分解壁材系列产品进行了甲醛净化性能的检测。该产品在暴露的甲醛浓度 4.95mg/L 的条件下，历经53天和63天暴露甲醛后，得到的甲醛残留浓度仅仅是 0.76mg/L 和 0.68mg/L，远远低于正常的行业检测标准，经世界纪录认证（WRCA）官方谨慎、严格的审核，最终被认为是目前"最高效持久的甲醛分解技术"。

中国辽宁省鞍山市的张永胜从小酷爱音乐。1997 年他考入师范大学的音乐教育专业，毕业后，开始他的音乐教育之路。

2018 年 6 月 28 日，张永胜用钢琴、大提琴、长号、黑管、二胡、马头琴、琵琶、架子鼓等 51 种乐器分别演奏了不同的乐曲，经世界纪录认证（WRCA）官方审核，确认张永胜成功创造了"世界演奏乐器种类最多的人"世界纪录。

最多女性创业者在清迈参加集体婚礼
Most female entrepreneurs attending a collective wedding in Chiang Mai

　　2019 年 12 月 18 日，花家部落北京生物科技有限公司组织女性创业者在泰国清迈举办集体婚礼。经世界纪录认证 (WRCA) 官方工作人员现场审核，该公司成功创造了"最多女性创业者在清迈参加集体婚礼"世界纪录。认证官亚历山大为相关负责人颁发世界纪录认证证书。

2019 年 12 月 18 日，花家部落北京生物科技有限公司组织团队赴泰国清迈参加大健康产业研讨会。经世界纪录认证 (WRCA) 官方工作人员现场审核，该公司成功创造了"最多人在清迈参加大健康产业研讨会"世界纪录。认证官亚历山大为相关负责人颁发世界纪录认证证书。

陈清宜

陈清宜，出生于 1971 年 7 月，是福建省工艺美术大师、国家高级 / 一级技师，福建省陶瓷协会理事，福建省高级工艺美术师，福建省陶瓷艺术大师，福建省陶瓷协会理事，现任德化祥窑陶瓷有限公司艺术总监。毕业于景德镇陶瓷学院。其作品荣获得全国各地奖项。

蝉羽杯于 2019 年 4 月 22 日荣获世界纪录认证，被认定为世界最薄的陶瓷杯子，其厚度只有 0.5 毫米左右。作品秉承德化窑的特点，瓷质温润如玉，胎骨细腻透光，受到广大陶瓷界和收藏界的一致好评。

2019 年 4 月 22 日，"世界最薄陶瓷杯"世界纪录认证仪式在中国泉州市德化县祥窑陶瓷研究所举行。经世界纪录认证（WRCA）官方工作人员现场严格缜密的核实，最终认定德化县祥窑陶瓷研究所艺术总监陈清宜所研发的超薄蝉羽杯为"世界最薄陶瓷杯"，认证官大明为陈清宜颁发世界纪录认证证书。

最多人颂钵迎新年
Most people singing praises with devotional bow to greet New Year

由林小剑先生和杨有华先生共同组织发起的千人颂钵迎新年世界纪录挑战，于2017年12月31日晚，在广东省肇庆市六祖寺广场举行。本次挑战世界纪录活动所用颂钵是全铜打造，经过一年多的筹备及由尼泊尔颂钵技师手工打制，钵身刻有世界纪录的标志及编号。2017年12月31日，经世界纪录认证（WRCA）官方人员现场审核，此次活动挑战人数为1160人，成功创造了"最多人颂钵迎新年"。认证官潘淑娜为发起人颁发世界纪录认证证书。

世界纪录保持者
WORLD RECORD HOLDER

2020 年 1 月 1 日，由禅之路及超越文化机构创始人林小剑携手杨氏颂钵学院创始人杨有华共同组织 958 名参与者手摇 2020 个风铃迎新年世界纪录挑战，在中国肇庆市六祖寺广场举行。经世界纪录认证 (WRCA) 官方工作人员现场审核，此次活动成功创造了"最多人同时手摇风铃"世界纪录，认证官亚历山大为发起人颁发世界纪录认证证书。

在2019海峡（福州）渔业周·中国（福州）国际渔业博览会上，秋官郎再次挑战世界最大的包心鱼丸。福建省副省长李德金为"鱼丸王"认证活动揭幕，福建省委副书记、福州市委书记王宁到现场观看和祝贺。

世界最大的包心鱼丸
The world's largest stuffed fish ball

2019 年 5 月 30 日，经世界纪录认证（WRCA）官方人员现场核实，该巨型鱼丸重达 557.6 斤、直径 82.5 厘米，成功打破了"世界最大的包心鱼丸"世界纪录。认证官大明为福州奇新食品有限公司负责人陈宜秋颁发世界纪录证书。

躯干悬空下腹部承重最大
Biggest load on abdomen with body hanging in the air

WRCA
WORLD RECORD CERTIFICATION
官方挑战
OFFICIAL ATTEMPT

（专业动作请勿模仿）

躯干悬空下腹部承重最大
Biggest load on abdomen with body hanging in the air

2018 年 3 月 31 日，"躯干悬空下腹部承重最大"世界纪录认证活动在中国湖北省武汉市花博汇景区举行。经世界纪录认证（WRCA）官方工作人员现场审核，蔡明勇（湖北·武汉）躯干悬空下腹部承重 180 斤，停留十秒以上，被认定为"躯干悬空下腹部承重最大"世界纪录。认证官潘淑娜为蔡明勇颁发世界纪录认证证书。

一分钟内在报纸上徒手劈断大理石最多
Most pieces of granite chopped within one minute

　　2017年7月15日，来自陕西省蜀河古镇的李根泉以"一分钟内在报纸上徒手劈断大理石最多"申报世界纪录。活动由上杭县体育总会主办，上杭县武术协会、上杭国学经典学校承办。挑战现场，近80位助手站成回字形，二人一组，手拉普通报纸，每张报纸中间放着一块1.5厘米厚、10厘米左右宽的大理石。经世界纪录认证（WRCA）官方审核，李根泉用时31.5秒在报纸上劈断1.5厘米大理石40块，被确认为"一分钟内在报纸上徒手劈断大理石最多"世界纪录。认证官大明为李根泉颁发世界纪录认证证书。

参与人数最多的紫砂和旗袍艺术行为秀
Largest artistic behavior show for purple sands and cheongsam

2017 年 5 月 31 日，首届中国（宜兴）旗袍文创节在江苏宜兴市隆重开幕，宜兴市委市政府代表和来自北京、上海、江苏、浙江等地的文创专业机构和专家以及来自美国、德国、新西兰、澳大利亚、阿联酋等海外文化组织和全国包括港澳台代表 50 个组织、旗袍文化组织、文化创意产业相关人员等参加在保利大剧院举办的紫砂和旗袍艺术行为秀。

经世界纪录认证（WRCA）官方审核，品牌策划人石文军先生策划的紫砂和旗袍艺术行为秀参与人数达到 1500 人，该活动被认定为"参与人数最多的紫砂和旗袍艺术行为秀"。2017 年 7 月，在世界纪录认证申报厦门办事处，世界纪录认证官詹姆斯、余淑琴给石文军先生颁发世界纪录认证证书。

最大规模的亲子瑜伽活动
The Largest parent-child yoga event

露安适联手重庆购物狂发起了"露安适亲子千人瑜伽世界纪录挑战赛"。活动现场，768组亲子家庭代表共同参与了本次挑战，创下了"亲子瑜伽领域的世界之最"。

　　该活动于 2018 年 9 月初通过重庆购物狂对活动的预热与征集线下、线上同时参与的形式拉开序幕。截止活动开始前，全市将近 40 个区县消费者通过游戏 PK、门店互动等多方式报名参与，活动报名系列宣传突破 100 万。活动现场 768 组亲子家庭代表参与了本次挑战，经世界纪录认证（WRCA）工作人员现场审核，被认定为"最大规模的亲子瑜伽活动"世界纪录。认证官潘淑娜为其负责人颁发世界纪录认证证书。

世界最大规模的排舞（单场地）
World's largest line dance

　　为积极响应国家政策倡导的全民健身活动，丰富中老年人（退休人员）休闲生活，关爱老年人身心健康，由山西永腾文化传媒有限公司、大同市排舞广场舞协会、大同市心连心艺术团在全国范围内发起了"2018全民健身日·排舞中国行"系列大型公益活动，并借此发起挑战最大规模排舞（单场地）世界纪录活动。

　　2018年10月9日上午，山西大同古城南城墙关城内，来自山西省各地市及河南、山东、北京、天津等省、大同市平城区、云州区、云冈区、新荣区、阳高县、天镇县等县区的20150名广场舞爱好者聚集在这里，参加由大同市文化局、大同市体育局等主办、大同市广场舞协会、大同市心连心艺术团承办的最大规模的排舞世界纪录挑战大型活动。

2018 年 10 月 9 日 8 点 20 分，经过十次彩排，挑战正式开始。以《舞动中国》为背景曲目，20125 人全场同时开跳，5 分钟时长的舞蹈过后，经世界纪录认证 (WRCA) 官方人员现场审核确认，成功刷新"世界最大规模的排舞"世界纪录，认证官当众宣布此次中国·大同 20125 人排舞挑战最大规模排舞世界纪录成功并为相关负责人颁发世界纪录认证证书。

最大规模的广场舞中文人体拼字"你好，咸宁"
Largest square dancing with forming Chinese characters

  由咸宁第九届国际温泉文化旅游节筹委会主办，咸宁市委宣传部、市文新广局、市体育局承办，市群艺馆、市体育中心、市歌舞剧团具体执行的"联投栖梦台·舞动香城"最大规模的广场舞中文人体拼字世界纪录认证活动在该市体育中心隆重上演。市委书记、市人大常委会主任丁小强宣布活动开幕，市委副书记、市长王远鹤致辞。市领导闫英姿、刘复兴、胡甲文、吴鸣虎参加活动。

最大规模的广场舞中文人体拼字"你好,咸宁"
Largest square dancing with forming Chinese characters

此次活动有来自咸安区、高新区、市直单位、各大中专院校以及各个协会的近万名参演人员经过 2 个多月的刻苦培训和排练,一同穿着"你好,咸宁"的文化衫,万人同跳广场舞活动凸显"健康咸宁,魅力香城"的运动理念和中部绿心色彩。

2017 年 11 月 12 日,经世界纪录认证(WRCA)官方工作人员现场核实,此次活动参加人数一共为 9680 人,被确认为"最大规模的广场舞中文人体拼字'你好,咸宁'"世界纪录。认证官潘淑娜为相关负责人颁发世界纪录认证证书。

最大规模的"打平伙"聚餐活动
Biggest pick up food go Dutch style event

2018年5月，定边县农德山庄农牧发展有限公司铸造了一口直径十米的大锅，在陕西省榆林市定边县盐雕广场举办了百只羊千人宴活动。十米大锅建造于定边县苟池盐湖边，使用了283.4平方米加厚铁皮焊接而成，直接安装于高1.6米，口径10米的锅台上。近3000斤羊肉与地椒（也称"百里香"）一同被倒入锅中，一场举世罕见的"十米大锅千人打平伙"破纪录活动正式拉开了帷幕。

2018年5月26日,活动现场共3011人同时吃羊肉,经世界纪录认证(WRCA)官方人员现场审核,被认定为"世界最大规模的'打平伙'聚餐活动"。认证官布鲁娜为主办方颁发世界纪录认证证书。

2018年9月22—23日，"瑜"乐慢城·健康有"伽"—— 2018高淳国际慢城万人健身瑜伽露营节在江苏省南京市高淳区固城湖水慢城旅游度假区举行。

本次活动由南京市高淳区人民政府、南京体育产业集团、人民日报社·人民数字、南京广播电视集团主办，高淳国际慢城管委会、高淳区体育局、南京龙江体育投资管理有限公司、牛咔视频承办，江苏省体育总会特别支持，江苏省瑜伽运动协会作为指导单位。南京龙江体育投资管理有限公司负责总策划和总执行。

2018 年 9 月 23 日，在中国南京市举办的"2018 高淳国际慢城万人健身瑜伽露营节"活动中，现场共搭建 5326 顶露营帐篷。经世界纪录认证（WRCA）官方工作人员现场审核，该活动被认定为"最大规模的帐篷露营活动"。认证官大明现场为主办方颁发世界纪录认证证书。

世界纪录保持者
WORLD RECORD HOLDER

第九届芍药节上，和林格尔县人民政府、中影五彩航空旅游文化(北京)有限公司、中影五彩传奇文化传媒(北京)有限公司共同发起了和林格尔县农村信用合作联社冠名的"最大规模的剪纸活动"世界纪录挑战。

这次活动挑战者年龄最大的为93岁的和林格尔剪纸代表性传承人，年龄最小的仅有6岁。中国剪纸国家级代表性传承人、著名剪纸艺术大师等中国剪纸界大伽现身活动现场共同见证了这项世界纪录的诞生。

2018年5月26日，经世界纪录认证(WRCA)官方人员现场审核，该活动参与人数达626人，被确认为"世界最大规模的剪纸活动"。认证官潘淑娜为主办方颁发世界纪录认证证书。此外，每个参与这次挑战的都获得世界纪录认证(WRCA)官方参与证书。

最多丰胸手术直播的形体医院

Body contouring hospital with most live broadcasts of breast augmentations

凯丽国际(KALLY)是一家融合医美、抗衰、健康管理等高端私人定制服务的国际化医疗集团,2018年1月1日—2020年8月30日,共进行了515次丰胸手术的现场全程直播。2020年9月8日,经世界纪录认证(WRCA)官方审核,该公司成功创造"最多丰胸手术直播的形体医院"。马克西姆为相关负责人颁发世界纪录认证证书。

运动·赛事类

Sports·Competitions

最多人同时穿小黑裤一字马
Most people wearing the little black trousers and doing the splits simultaneously

2019年5月11日，九牧王于郑州二七万达广场举办"唤醒双腿2019男裤节"活动，500名来自郑州少林武校的少年身穿九牧王小黑裤，向"最多人同时穿小黑裤一字马"世界纪录发起挑战。

经世界纪录认证（WRCA）官方工作人员现场审核，由九牧王主办的"唤醒双腿2019男裤节"活动被确认为"最多人同时穿小黑裤一字马"。认证官大明现场为九牧王颁发世界纪录认证证书。

最大规模的保护沙滩环保活动
The world's largest beach environmental protection activity

　　清水湾位于北纬 18 度的海南，是被自然眷顾的热带滨海岛屿。这里长夏无冬，年平均气温约 26℃，一、二月份温度达 20℃左右；森林覆盖率超过 50%，生态景观蔚为绮丽；清水湾与美国的夏威夷、澳洲的黄金海岸并称世界三大"会唱歌的沙滩"。

为了提升全民环保意识，鼓励公众积极参与环保公益活动，守护中国唯一的"会唱歌的沙滩"，绿城蓝湾小镇发起一场大规模的"万人保护沙滩"环保公益行动。

最大规模的保护沙滩环保活动
The world's largest beach environmental protection activity

在沙滩上雀跃的蓝色身影，与身后的碧海蓝天相映生辉，彰显着希望与美好。如此多的人共同守护着同一片沙滩，如此多的人为了清水湾的美而相聚，蓝色的海，蓝色的爱，真情守卫这蓝色的梦想。

世界纪录保持者
WORLD RECORD HOLDER

最大规模的保护沙滩环保活动
The world's largest beach environmental protection activity

这份爱心公益成功唤起了更多人的环保意识，越来越多人愿意自发加入其中，为守护清水湾尽一份力所能及的力量。这场万人参与的净滩公益行动，被中央电视台一套、十三套等近百家主流媒体报道，引起了社会各界的广泛关注。

2016 年 12 月 18 日下午，经世界纪录认证(WRCA)官方工作人员现场核实，一共 11017 名穿着蓝色制服、系着蓝色丝带的环保志愿者齐聚" 会唱歌的沙滩 "，沿着清水湾沙滩一路前行，俯身捡起沙滩上每一颗不属于这片自然的尘埃，还沙滩一片洁净，创下了世界最大规模的保护沙滩环保活动，所有参与本次公益行动的伙伴们均获得世界纪录认证证书。

最大规模的沙漠徒步挑战赛
The largest desert hiking challenge

　　亚太地区商学院沙漠挑战赛（简称"亚沙赛"）是亚太地区顶级的商学院户外赛事。首届赛事于2012年在内蒙古阿拉善腾格里沙漠举行，已连续成功举办九届，参与院校100余所，直接参与赛事MBA学生已超过10000人，覆盖50万以上亚太地区商学院MBA群体。

　　亚沙赛是在亚太地区顶级商学院MBA群体中展开的一项竞技、体验式文化赛事。学员通过徒步穿越70千米沙漠，深刻体验在艰苦环境下坚持和挑战自我的历程，体验和践行环保、协作、坚持、责任的赛事理念。亚沙赛作为商学院"第二课堂"，在领导力、组织管理能力、沟通能力、时间管理能力等方面的实践上最具有重要价值，吸引了众多商学院学生深度参与赛事。

2019 年 4 月 28 日至 4 月 30 日，在阿拉善左旗亚沙运动促进会发起的喜临门杯" 第八届亚太地区商学院沙漠挑战赛"中，来自亚太地区 105 所顶级商学院的 2592 名挑战者在腾格里沙漠完成了徒步挑战。2019 年 4 月 30 日，经世界纪录认证（WRCA）官方工作人员现场审核，该活动被确认为"最大规模的沙漠徒步挑战赛"世界纪录。认证官大明现场为相关负责人颁发世界纪录认证证书。

　　由李宁(中国)体育用品有限公司主办，道达尔润滑油(中国)有限公司全程冠名赞助的 2019 道达尔·李宁李永波杯三对三羽毛球赛，2019 年 5 月至 2019 年 10 月举办，共有 34463 人次参与本项赛事。经世界纪录认证(WRCA)官方工作人员现场审核，此次赛事成功刷新了"最多人参与的羽毛球赛事"世界纪录。

12月2日，2017道达尔·李宁李永波杯三对三羽毛球总决赛在北京李宁中心正式拉开战幕。李宁公司副总裁洪玉儒先生、道达尔（中国）投资有限责任公司总裁梁定伟先生、道达尔润滑油（中国）有限公司董事总经理王喆先生、国家体育总局训练局副局长杨培刚先生、奥运冠军赵芸蕾女士以及来自15个城市的参赛队伍共同出席了开幕式。

2017年12月10日，经过世界纪录认证（WRCA）官方工作人员现场核实，为期四天的世界纪录挑战赛事中，2017道达尔·李宁李永波杯三对三羽毛球赛总决赛共迎来了9935人次参赛，成功刷新了最大规模羽毛球赛事世界纪录。认证官大明向李宁公司颁发了世界纪录认证证书。

最多人同时挑战瑜伽战士一式
Most people performing a Warrior Ⅰ pose (yoga) simultaneously

　　2019年10月13日在珠海日月贝，为了庆祝祖国成立70周年，珠海市瑜伽协会联合全国50多个城市瑜伽机构发起"盛世瑜伽 筑梦前行"。

　　"盛世瑜伽 筑梦前行"2019 国际瑜伽嘉年华活动，现场共 898 名有效人数同时做瑜伽战士一式。经世界纪录认证（WRCA）官方工作人员现场审核，该活动被确认为"最多人同时做瑜伽战士一式"世界纪录。认证官潘淑娜为相关负责人颁发世界纪录认证证书。

最多名小学生同时还原三阶魔方
Most primary school students solving the Rubik's Cube simultaneously

　　北京市朝阳区楼梓庄小学始建于1917年，是一所有着百年历史的小学，学校占地2万平方米。现有教学班31个，在校生1045名。2019年4月与首都师范大学合作办学，更名为首都师范大学朝阳小学。2014年，学校开始了益智游戏的实践研究，老师们积极参与，先后撰写了五十多篇益智游戏思维训练课的教学设计。学校每天专门拿出十分钟进行益智游戏训练，每学期学校都会组织年级或全校的益智游戏比赛。学校还建立了数学实验室，为学生提供更丰富的资源。学校已成为全国教育科学"十三五"教育部规划课题"益智课堂与思考力培养的实践研究"示范校、北京市"习作教育"实践研究基地校、北京市文化示范校，并先后获得北京市科研先进单位、北京市基础教育学生综合素质评价工作先进单位、朝阳区素质教育示范校等荣誉。

2019 年 4 月 23 日，首都师范大学朝阳小学全校 832 名学生齐聚操场参与挑战，经世界纪录认证（WRCA）工作人员现场审核，在规定时间内，有 823 名学生成功还原了三阶魔方，完成率达到了 98.9%，被确认为"最多名小学生同时还原三阶魔方"世界纪录，认证官亚历山大为校长颁发世界纪录认证证书。

"第三极"路程最远徒步环保公益旅行
The Third Pole Longest Environmental Hike

　　2018年9月25日，玉树雪豹旅行社有限公司发起了"净化第三极，造福全人类"公益环保活动，在玉树至拉萨这一"世界第三极"区间，128名参与人员从玉树徒步环保旅行至拉萨，历时39天，行程达到1034公里，途径玉树州杂多县、西藏自治区巴青县、索县、那曲、当雄、拉萨等地，沿途清理垃圾10000余千克左右，是截至目前最具影响力的一次生态环保旅行活动，获得玉树州环保局颁发的"突出环保贡献奖"。

　　2018 年 11 月 20 日上午，玉树州人民政府主办，由玉树州旅游局指导，玉树雪豹旅行社有限公司承办发起的"玉树—拉萨 第三极路程最远环保徒步旅行"活动，经世界纪录认证(WRCA)官方审核，被确认为"第三极路程最远的环保徒步旅行活动"。认证官潘淑娜为相关负责人颁发世界纪录认证证书。

世界最长人体床垫多米诺骨牌
Longest Human Mattress Dominoes

2018 年，杭州百视乐文化传媒有限公司推出了世界纪录项目：百适乐人体床垫多米诺骨牌世界纪录巡回赛。参赛者每人领取一个充气魔袋床垫，并将其充足气，然后站到指定位置，背抱床垫站立组成人体骨牌，听从主持人指令，从第一个开始，依次倒下，不可中断或中间提前倒下，所有人符合规则，在规定时间内，依次倒下，即为挑战成功。

2018 年 11 月 24 日，中国钦州"蚝情节"开幕。在开幕当天，由钦州市政府发起的世界纪录官方挑战，经世界纪录认证（WRCA）官方工作人员现场审核，在本次挑战中，共吸引了 2186 名海内外人士共同参与，成功创造了"最长人体床垫多米诺骨牌"世界纪录。认证官亚历山大为相关负责人颁发世界纪录认证证书。

最短时间开车穿越29个国家
Driving through 29 countries in the shortest amount of time

  来自中国黑龙江省的姜伟、张志勇两人驾驶一辆中国车牌汽车，于 2019 年 3 月 29 日从中国出发，于 2019 年 4 月 21 日抵达爱沙尼亚，成功穿越亚欧大陆 29 个国家。本挑战历时 24 天，行驶里程为 2.5 万千米。经世界纪录认证（WRCA）官方审核，该挑战成功创造了"最短时间开车穿越 29 个国家"世界纪录。

世界纪录保持者
WORLD RECORD HOLDER

第九届芍药节上，和林格尔政府连同中影五彩航空旅游文化（北京）有限公司、中影五彩传奇文化传媒（北京）有限公司共同组织发起了"最多汽车拼成的芍药花图案"世界纪录挑战。

此次汽车拼图的难度和趣味性在于如何摆出芍药花的样式。在世界纪录认证官查看完航拍全景图像的时候，一切疑虑都已经打消。500多亩的芍药花和本次纪录遥相辉映，向世界递上了一张靓丽的名片。

2018年5月27日，经世界纪录认证（WRCA）官方人员现场审核，该活动成功创造了"最多汽车拼成的芍药花图案"世界纪录，认证官潘淑娜为主办方颁发世界纪录认证证书。另外每个参与这次挑战的都获得了世界纪录认证（WRCA）官方参与证书。

叶佳希

　　叶佳希，佳希魔方（厦门）文化传播有限公司董事，从小就开始接触九连环、七巧板、鲁班锁等各种中国古典益智玩具。2012 年，叶佳希创造了属于自己的世界纪录。从那之后，他便开始不断挑战世界纪录，经过多年的努力，叶佳希已经保持了"水下憋气双人单手还原三阶魔方时间最快""一分钟内单列摆起最多骰子""最快时间解华容道""最快时间解大九连环""最快时间组装六根鲁班锁""一小时内复原最多三阶魔方（团队）"六项世界纪录。

水下憋气双人单手还原三阶魔方时间最快

2017 年 4 月 8 日在中国厦门举行的世界纪录认证官方挑战中，由叶佳希（中国）、洪珏钰（中国）共同挑战水下憋气双人单手还原三阶魔方，入水、调整呼吸、水下憋气，在畅游天琴湾健身中心，两名挑战者挑战双人单手复原三阶魔方，最终完成时间在 17.37 秒，该挑战被 WRCA 世界纪录认证确认为"水下憋气双人单手还原三阶魔方时间最快"。

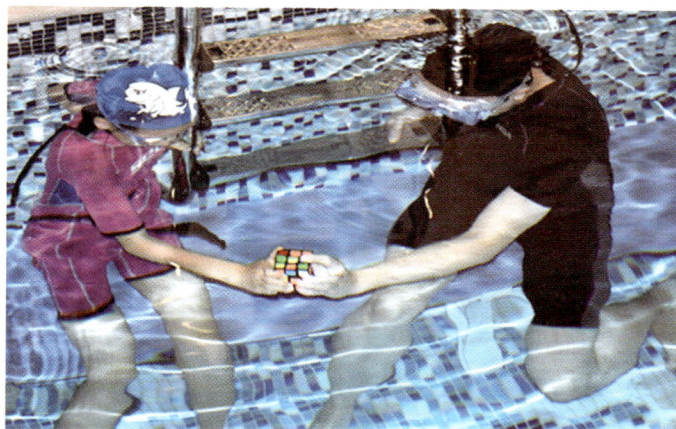

一分钟内单列摞起最多骰子

叶佳希于 2012 年在厦门公证处一分钟时间内以摇动杯子(透明)的方式单列摞起 40 颗 16 毫米骰子，2017 年经世界纪录认证机构(WRCA)官方确认，成功打破原有的"一分钟内单列摞起 35 颗骰子"纪录，被认证为"一分钟内单列摞起最多骰子"世界纪录。

最快时间解华容道

2019 年 2 月 19 日，叶佳希在福建省厦门市鹭江公证处公证人员现场监督下，在外图厦门书城成功完成了华容道"横刀立马"纪录的挑战，用时 8.000 秒。经世界纪录认证（WRCA）官方审核，叶佳希打破原有纪录成绩，创下"最快时间解华容道"世界纪录。

最快时间解大九连环

2019 年 8 月 17 日，在中国北京举行的 2019 北京文化创意大赛"文投国际"杯中国古代智力玩具之九连环全国挑战赛中，叶佳希以 2 分 28 秒 60 的成绩成功分解大九连环。经世界纪录认证（WRCA）官方审核，叶佳希成功创造了"最快时间解大九连环"世界纪录。

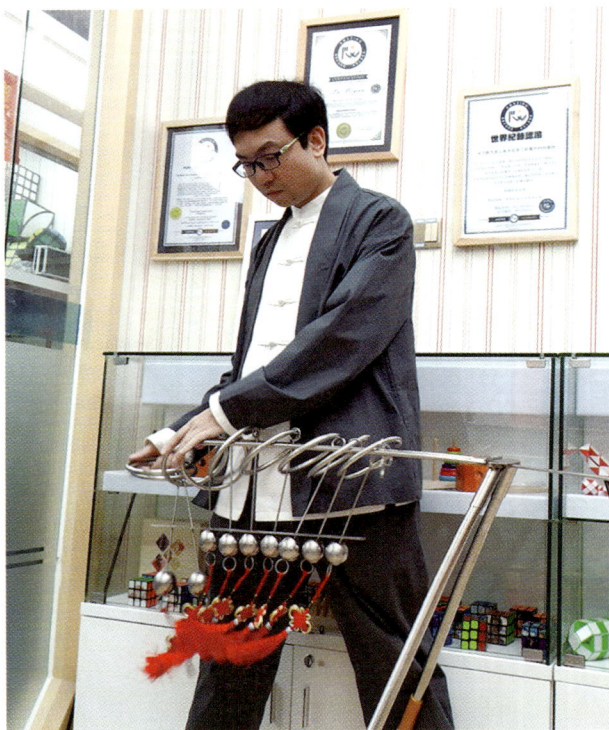

一小时内复原最多三阶魔方（团队）

2020年1月8日，在中国南昌市举行的智力运动世界纪录挑战赛中，由龚强、叶佳希、陈泽钦、王国杰、陈霖、王旭明、吴建、苏锴、邱若寒组成的九人团队在一小时内共成功复原2523个三阶魔方。经世界纪录认证（WRCA）官方审核，该团队成功刷新了"一小时内复原最多三阶魔方（团队）"世界纪录。

最快时间组装六根鲁班锁

2020年1月8日，在中国南昌市举行的智力运动世界纪录挑战赛中，叶佳希对已拆解、并随机摆放的六根鲁班锁条棍成功组装还原，用时5.50秒。经世界纪录认证（WRCA）官方审核，叶佳希成功创造了"最快时间组装六根鲁班锁"世界纪录。

WRCA 世界纪录保持者
WORLD RECORD HOLDER

　　来自山东省潍坊市的邱兆焱（出生日期：2015年9月21日）于2020年7月15日在中国山东省潍坊昌潍公证处成功盲拧还原三阶魔方，用时4分44.76秒，经世界纪录认证（WRCA）官方审核，邱兆焱成功刷新了"最小年龄盲拧还原三阶魔方"世界纪录。认证官亚历山大为邱兆焱颁发世界纪录认证证书。

最小年龄还原四阶魔方
Youngest person to solve a 4x4x4 Rubik's Cube

　　来自广东省广州市的李圣(出生日期：2016 年 4 月 6 日)于 2020 年 6 月 3 日在中国狂热魔方培训中心(广州昌岗总校)成功还原四阶魔方，用时 8 分 59.5 秒。经世界纪录认证(WRCA)官方工作人员审核，李圣成功创造了"最小年龄还原四阶魔方"世界纪录。

最小年龄连续盲拧还原二阶和三阶魔方
Youngest person to solve a 2x2x2 and a 3x3x3 Rubik's Cube blindfolded

彭思程

彭思程，2012 年 1 月 24 日出生在北京。2020 年 8 月 24 日，彭思程在北京市恒信公证处连续盲拧还原 1 个二阶魔方和 1 个三阶魔方，用时 4 分 12.28 秒。经世界纪录认证 (WRCA) 官方审核，彭思程成功创造了"最小年龄连续盲拧还原二阶和三阶魔方"世界纪录。

魔方导师——庄海燕：魔方盲拧十次世界纪录创造者、中国大脑潜能开发专家、世界记忆大师导师，长期从事记忆法及魔方的普及教学工作。记忆导师——姬广星：国际记忆科学研究院院长、中国大脑教育峰会功勋人物奖获得者、畅销书《大脑潜能开发秘册》作者、世界脑力锦标赛国际一级裁判、首位受聘进入联合国大脑教育组织 IBREA 的中国籍脑科学家。

世界纪录保持者
WORLD RECORD HOLDER

WRCA

最小年龄连续盲拧还原2个二阶魔方
Youngest person to solve two 2x2x2 Rubik's Cubes blindfolded

易烊昱华

易烊昱华，2012 年 11 月 17 日出生于北京。

2020 年 8 月 26 日，易烊昱华在北京市恒信公证处连续盲拧还原 2 个二阶魔方，用时 1 分 50.66 秒。经世界纪录认证 (WRCA) 官方审核，易烊昱华成功创造 "最小年龄连续盲拧还原 2 个二阶魔方"世界纪录。

魔方导师——庄海燕：魔方盲拧十次世界纪录创造者、中国大脑潜能开发专家、世界记忆大师导师，长期从事记忆法及魔方的普及教学工作。

记忆导师——姬广星：国际记忆科学研究院院长、中国大脑教育峰会功勋人物奖获得者、畅销书《大脑潜能开发秘册》作者、世界脑力锦标赛国际一级裁判、首位受聘进入联合国大脑教育组织 IBREA 的中国籍脑科学家。

姬生善

姬生善，2013年10月28日出生于黑龙江。

2020年8月28日，姬生善在北京市长安公证处连续盲拧还原2个二阶魔方，用时1分16.08秒。经世界纪录认证（WRCA）官方审核，姬生善成功创造"最快时间连续盲拧还原2个二阶魔方"世界纪录。

2020年8月28日，姬生善在北京市长安公证处连续盲拧还原1个二阶魔方和1个三阶魔方，用时7分30.21秒。经世界纪录认证（WRCA）官方审核，姬生善成功刷新"最小年龄连续盲拧还原二阶和三阶魔方"世界纪录。

魔方导师——庄海燕：魔方盲拧十次世界纪录创造者、中国大脑潜能开发专家、世界记忆大师导师，长期从事记忆法及魔方的普及教学工作，目前有5名徒弟刷新五项魔方盲拧世界纪录。

记忆导师——姬广星：国际记忆科学研究院院长、中国大脑教育峰会功勋人物奖获得者、畅销书《大脑潜能开发秘册》作者、世界脑力锦标赛国际一级裁判、首位受聘进入联合国大脑教育组织IBREA的中国籍脑科学家。

最小年龄盲拧克隆三阶魔方
Youngest person to match a 3x3x3 Rubik's Cube blindfolded

刘桓楷

2020 年 8 月 31 日，来自北京的刘桓楷（出生日期：2015 年 1 月 22 日）在北京市方圆公证处成功盲拧克隆三阶魔方，用时 3 分 51.47 秒。经世界纪录认证（WRCA）官方审核，刘桓楷成功刷新 " 最小年龄盲拧克隆三阶魔方 " 世界纪录。认证官安永胜为刘桓楷颁发世界纪录认证证书。

刘桓楷创造的这个世界纪录意义在于，打破了人类认知极限，盲拧三阶魔方 / 盲拧克隆三阶魔方将成为 4 至 8 岁配合脑神经织网的最佳训练工具（织网速度和织网密度极大提升），大批天才儿童诞生将成为可能。

魔方导师——庄海燕：魔方盲拧十次世界纪录创造者、中国大脑潜能开发专家、世界记忆大师导师，长期从事记忆法及魔方的普及教学工作，目前有 5 名徒弟刷新五项魔方盲拧世界纪录。

记忆导师——姬广星：国际记忆科学研究院院长、中国大脑教育峰会功勋人物奖获得者、畅销书《大脑潜能开发秘册》作者、世界脑力锦标赛国际一级裁判、首位受聘进入联合国大脑教育组织 IBREA 的中国籍脑科学家。

魔方导师：庄海燕

记忆导师：姬广星

最小年龄还原二阶魔方/最小年龄还原三阶魔方
Youngest person to solve a 2x2x2 Rubik's Cube / Youngest person to solve a 3x3x3 Rubik's Cube

王梓芊

2019 年 10 月 6 日，来自乌鲁木齐的王梓芊（出生日期：2016 年 10 月 8 日）在 2019WCA 厦门秋季魔方赛中成功还原二阶魔方，用时 46.53 秒。经世界纪录认证 WRCA 官方工作人员审核，王梓芊成功创造了"最小年龄还原二阶魔方"世界纪录。

岑梓瑜

岑梓瑜，生于 2016 年 5 月 15 日。2019 年 4 月 4 日，岑梓瑜在中国狂热魔方培训中心（广州昌岗总校）成功独立复原三阶魔方，最快成绩为 2 分 23 秒，年仅 2 岁 10 个月 21 天。经世界纪录认证（WRCA）官方审核，岑梓瑜成功刷新"最小年龄还原三阶魔方"世界纪录。

邓 然

2018 年 8 月 8 日的上午，在北京公证处两名公证员的监督下，刚满 3 周岁零 29 天的邓然，坐在宝宝椅上，利用 11 分钟 40 秒时间，成功指认车标有效数量为 125 个，经世界纪录认证（WRCA）官方核实确认创造了"识别车标最多的三岁孩童"世界纪录。

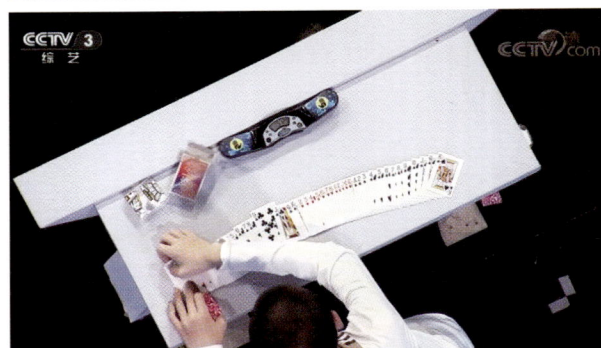

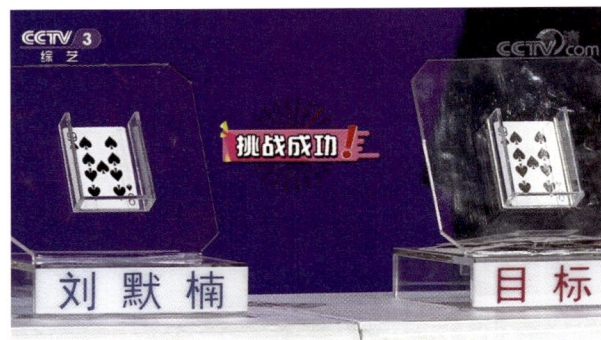

最短时间记住一副扑克牌
Fastest time to memorize and recall a deck of playing cards

刘默楠

来自中国北京的刘默楠于 2018 年 11 月 24 日，CCTV-3 央视《艺览天下》特别节目《有趣的奇闻异事》录制现场，将随机打乱的一副去除大小王共计 52 张的扑克牌进行记忆后成功复原顺序，记忆时间为 5.129 秒。经世界纪录认证 (WRCA) 官方审核，刘默楠成功刷新了"最短时间记住一副扑克牌"世界纪录。

记忆导师——姬广星：国际记忆科学研究院院长、中国大脑教育峰会功勋人物奖获得者、畅销书《大脑潜能开发秘册》作者、世界脑力锦标赛国际一级裁判、首位受聘进入联合国大脑教育组织 IBREA 的中国籍脑科学家。

记忆导师——陈静：世界脑力锦标赛国际一级裁判、英国思维导图 TLI 国际导师、世界记忆大师教练。

宋秀姿

2019 年，来自山东省青岛市的宋秀姿默写了 189819 个字母组成的超长英文单词，用时 60 分钟，正确默写至第 3615 位。经世界纪录认证(WRCA)官方审核确认，宋秀姿成功创造了"一小时默写单个英语单词字母数量最多"世界纪录。

38分钟背诵成语最多
Most Chinese idioms recited within 38 minutes

张淑君

2019年1月15日，来自山东省青岛市的张淑君在38分钟之内以成语接龙的方式背诵出1494个成语，经世界纪录认证（WRCA）官方工作人员审核确认，张淑君成功创造了"38分钟背诵成语最多"世界纪录。

郭坤

　　来自山东省济南市的郭坤，在3小时内成功背诵中国国学书籍《道德经》《孝经》《弟子规》《孙子兵法》《孟子》《大学》《中庸》《论语》，合计约8万字。经世界纪录认证（WRCA）官方工作人员审核，郭坤成功创造了"3小时内背诵中国国学书籍字数最多"世界纪录。认证官亚历山大为郭坤颁发世界纪录认证证书。

一分钟双脚颠网球次数最多的儿童
Most tennis ball touches using the feet in one minute

WRCA 官方挑战 OFFICIAL ATTEMPT

胡禹辰

2017 年 4 月 28 日，经世界纪录认证（WRCA）官方核实，来自中国的北京实验二小广外分校的胡禹辰在学校组织足球嘉年华上，成功挑战了一分钟连续双脚颠网球 181 个纪录。这次挑战成功不单单是胡禹辰球技上的飞跃，也是他敢于挑战、坚强勇敢性格塑造的开始。